Michael Landgraf

Pfalz

Radeln für die Seele

15 Wohlfühltouren

Droste Verlag

ALLE RADTOUREN AUF EINEN BLICK

Blick auf Kerzenheim

Altrhein bei Otterstadt

Liebe Radelfreunde und Entspannungssuchende,

die Pfalz ist ein Paradies, besonders für Radler. Premiumradwege an der Deutschen Weinstraße oder am Rhein haben viele Fans. Neben den traditionsreichen Städten und pittoresken Dörfern wirkt dort, je nach Licht und Vegetation, derselbe Landstrich während der Mandelblüte im März anders als im Herbst, wenn das bunte Laub strahlt und der schwere Duft der Trauben in der Luft liegt. Neben den Radlerparadiesen im Osten der Pfalz gibt es jedoch viel mehr zu entdecken. Im Süden entlang des Grenzflusses Lauter erleben wir das elsässische Flair, im Norden die weiten Felder mit dem Donnersberg am Horizont, im Pfälzerwald das satte Grün mit roten Sandsteinfelsen und im Westen die Naturparadiese entlang des Glans und des Hornbachs. Wir begegnen Kulturlandschaften, wo Römer, Rittersleute, Mönche, barocke Kunstmäzene sowie hochmoderne Vinotheken-Architekten ihre unübersehbaren Spuren hinterlassen haben. Und es gibt überraschende tierische Begegnungen: Kuschelige Lamas und Alpakas sowie mächtige Highland-Rinder und Wasserbüffel kreuzen unsere Wege. Alle Touren sind zwischen 24 bis 53 Kilometer lang und gut radelbar, meist über ausgebaute Radwege, ruhige Landstraßen und im Pfälzerwald entlang von Bächen und Flüssen. Daher ist der Wohlfühlfaktor hoch, verbunden mit dem Genuss, der in der Pfalz nie fehlen darf.

Viel Freude beim Radeln für die Seele wünscht

Ihr Michael Landgraf

NATUR-INFO

KULTUR-INFO

TOUREN-/EVENT-INFO

GENUSS-INFO

- 41,2 Kilometer
- 428 Höhenmeter
- 3 Stunden
- Rundtour

Sankt Martin mit Kropsbach

Weinstraßenherz

Neustadt bis Gleisweiler

Am Mittelpunkt der Deutschen Weinstraße erwartet uns Urlaubsfeeling pur mit beeindruckenden Aussichten in hügeliger Rebenlandschaft und Ortschaften mit historischer Bausubstanz. Stets im Blick sind die immergrüne Haardt mit dem Pfälzerwald wie auch die Weite der Rheinebene.

Wir starten am Stegausgang **Schillerstraße** des Hauptbahnhofs Neustadt an der Weinstraße und blicken von oben auf den ältesten genutzten Lokschuppen der Welt samt **Eisenbahnmuseum.** Das Kuckucksbähnel, eine Dampflok, tuckert von hier aus im Sommer häufig ins Elmsteiner Tal. Wir radeln über die **Schiller-** und die **Pfalzgrafen-** zur **Weinbergstraße** hinauf, in die wir links abbiegen und durch ein Wohngebiet bis zum **Halt-** und weiter zum **Grundwiesenweg** fahren. Hier biegen wir links in die **Dr.-Siebenpfeiffer-Straße** ab und rechts auf den **Kändlerweg.** Der Blick weitet sich und es geht durch die Weinberge unterhalb von Hambach weiter. Wir schauen in die Ebene und haben die beste Aussicht auf die mittelalterliche **Jakobuskirche** und auf das **Hambacher Schloss.** Hier sollten wir auf einer der Bänke entlang des Weges kurz innehalten und die historische Kulisse auf uns wirken lassen. Das Areal der ehemaligen Kestenburg, hochdeutsch Kastanienburg, gehörte den

Bahnhof und Lokschuppen in Neustadt

Blick auf das Hambacher Schloss und Hambach

Speyerer Fürstbischöfen. Sie wurde im Bauernkrieg 1525 geplündert und 1695 von Franzosen zerstört. 1832 versammelten sich rund um die Ruine über 20.000 Menschen zur ersten Demo für Demokratie, Freiheit und Deutschlands Einheit. Eine erste schwarz-rot-goldene Fahne als Symbol der Demokratie wurde in Neustadt zusammengenäht und hier oben gehisst.

Wir überqueren die Landstraße an der Hambacher Mühle und radeln weiter nach **Diedesfeld.** Dieses Weindorf ist Heimat der 1949 erstmals gewählten Deutschen Weinkönigin. Über die Ursula- und Remigiusstraße geht es zur **Remigiuskirche,** wo wir die Figur des Heiligen mit der Darstellung der Taufe des Frankenkönigs Chlodwig vor 1500 Jahren sowie eine schöne **Sonnenuhr** am Kirchturm entdecken. Vorbei an einem kleinen Wiegehäuschen erreichen wir das **Alte Rathaus** mit dem **Brunnentrog 1.**

*Das **Alte Rathaus Diedesfeld** wurde im Stil der Renaissance anno 1601 erbaut, als der Ort noch dem Fürstbischof von Speyer gehörte. Unter seinen breiten Arkaden steht der pfalzweit größte Brunnentrog, der je aus einem Stein gehauen wurde.*

Wenn wir uns am Brunnentrog erfrischt haben, radeln wir rechts in die Kreuz- und links über die Hauptstraße aus dem Ort hinaus. Dort begegnet uns rechts die moderne **Vinothek Ökonomierat Isler**, einer der Drehorte der Fernsehserie „Weingut Wader". Ihr gegenüber befindet sich der **Mittelpunktstein der Deutschen Weinstraße 2,** der wie ein Hinkelstein von Obelix in der Landschaft steht. An diesem blumengeschmückten Platz unter einem Baum können Radler entspannt sitzen und die Aussicht auf die Ebene sowie das Hamba-

Für die Seele

Mit Blick auf eine Traumkulisse radeln wir im Herzen der Deutschen Weinstraße durch Weinberge und idyllische Dörfer und begegnen Genusstempeln jeder Art.

cher Schloss genießen. Weiter geht es nach **Maikammer.** Wir durchradeln den Ort auf der **Weinstraße.** Ein Haltepunkt ist der Marktplatz mit dem Restaurant **Zum goldenen Ochsen** und bronzenen **Schnecken,** 2022 gegossen vom Künstler Gernot Rumpf. Die Schnecken zeigen an, dass der Ort zu den Cittaslow-Gemeinden gehört, die sich dem langsamen Genuss mit strengen Nachhaltigkeitskriterien verschrieben haben. Auf der Weinstraße passieren wir auch das Büro für Tourismus, wo wir uns Infomaterial über die Region besorgen können. Am Ortsausgang ist ein sehenswerter Kreisel, denn darauf befindet sich ein riesiger bunter Klappmeter. Der erinnert an die aus Maikammer stammenden Brüder Ullrich, die Erfinder des klappbaren Zollstocks.

Wir radeln hier rechts und überqueren bei der Gartenstraße die Landstraße, wo es am **Kropsbach** entlang auf einem Radweg mit Informationstafeln zur Natur in der Region weitergeht. Im Blick haben wir den höchsten Berg des Pfälzerwaldes, die 673 Meter hohe **Kalmit**. Der Kropsbach führt uns nach **Sankt Martin,** einem der idyllischsten Orte an der Deutschen Weinstraße. Über Riedweg, Hornbrücke und **Maikammerer Straße** errei-

Mittelpunktstein Deutsche Weinstraße

Cittaslow-Schnecken in Maikammer

chen wir den Ortskern. Hier stellen wir das Rad ab und lassen uns von den reizvollen Ansichten mit offen fließendem Kropsbach und kulinarischen Angeboten begeistern. Das romantische **Briefmarkeneck** in der Mühlstraße hat es sogar auf eine Briefmarke geschafft. Auch der Weg hinauf zur Kirche Sankt Martin mit einer Sandsteinfigur des Heiligen lohnt einen Abstecher. Weiter radeln wir über die **Lärchen-** und die **Haardtgasse** eine Anhöhe hinauf zur **Haardtmadonna,** dem Lieblingsaussichtspunkt der Madener, wie sich die Einwohner nennen. Diese Schutzfigur aus dem 18. Jahrhundert wurde im Zweiten Weltkrieg von Bomben getroffen, während der Ort verschont blieb. Dankbar setzten die Dorfbewohner ihre Schutzpatronin wieder zusammen und genießen heute den blumenreichen Ausblick bis zum Hambacher Schloss.

Wir radeln entlang dem **Wein- und Stein-Lehrpfad,** der auf großflächigen Tafeln über den Zusammenhang von Weinbau und Geologie informiert. Der Radweg passiert einen Teich, an dem wir rechts dem Breiten Haardtweg bis zur **Klosterstraße** folgen, die nach **Edenkoben** hineinführt. Der Name der Stadt erinnert nicht zu Unrecht an den biblischen Garten Eden. Einen solchen finden wir in der Klosterstraße, nämlich den **Kräutergarten Klostermühle ③.**

Am Parkplatz radeln wir den Weg bergab und kommen in der Straße **Unter dem Kloster** zur hiesigen **„alla hopp!"-Anlage.** Dieser kostenlos nutzbare Freizeit- und Fitnesspark liegt herrlich in den Weinbergen und lädt zu Entspannung und Übungen mit Blick auf den Haardtrand ein. Für uns geht es links auf den Woogweg und dann rechts auf die **Villastraße**. Hier liegt der beeindruckende **Weinlehrpfad Edenkoben ④.** Da hier viele Mandelbäume angepflanzt wurden, erstrahlt diese Straße im Frühjahr in rosaroter Pracht. Wir radeln

*Der **Kräutergarten Klostermühle,** einst zu einem Kloster gehörend, bietet mediterrane Duft- und Gewürzpflanzen und alte Obstbäume. 45 Sorten Lavendel werden angebaut und daraus unter anderem Lavendelsirup kreiert, der mit Wasser oder Sekt herrlich erfrischt.*

Klostermühle Edenkoben mit Blick auf die Rietburg

die leichte Steigung hinauf und können dabei historische Weinpressen, Kelteranlagen, Karren, Pflüge sowie ein Fass, das mehr als 9000 Liter fassen kann, bestaunen. Als Weinblätter gestaltete Infotafeln geben Auskunft über den Weinbau, auf weiteren Tafeln grüßen Weinhoheiten von Edenkoben. Eine Rast mit Picknick können wir in der breiten Liebeslaube oder am überrankten Platz bei der riesigen Barockkelter einlegen. An den Sitzbänken sehen wir ein großes Symbol mit dem Wahlspruch der Weinbruderschaft der Pfalz „In Vite Vita", „Im Weinstock ist das Leben". Hier ist auch ein kleiner Musterweinberg, der zeigt, wie einst der Wein in niedrigen Kammern angebaut wurde. Wir radeln weiter mit Blick auf die **Rietburg** und den einzigen **Sessellift** der Pfalz am nahen Berg. Das Hinauf- und Hinabschweben mit dem Blick auf die Rheinebene und das Rebenmeer ist ein Erlebnis, das man sich vormerken sollte. Vor dem Tennisplatz biegen wir jedoch links ab in einen Feldweg und sehen am Bergrand gelb hervorschimmernd die **Villa Ludwigshöhe.** Das Schloss des bayerischen Königs Ludwig I. wurde nach italienischem Vorbild erbaut und von ihm als Sommerresidenz genutzt. Bald erreichen wir **Rhodt unter Rietburg** über die legendäre **Theresienstraße ❺.**

*Die romantische **Theresienstraße** mit ihren historischen Höfen und mediterraner Bepflanzung erinnert an Theresia, die Gattin des Bayernkönigs Ludwig I. Sie besuchte oft die evangelische Georgskirche, wo ihr Thronsessel noch bestaunt werden kann.*

Besonders der **Alte Kastanienhof ❻** bietet in der Theresienstraße kulinarischen Hochgenuss pur in herrlichem Ambiente. Die Straße mündet in der Weinstraße, wo der Durlacher Hof mit der Tourist-Info daran erinnert, dass der Ort früher zu Württemberg und Baden gehörte. Daher blieb er in allen Kriegen gegen die Pfalz verschont.

Wir radeln über die Weinstraße aus dem Ort, wo der Radweg parallel zur Landstraße an einer Flurkapelle vorbei nach **Hainfeld** führt. Über die Weinstraße und Hohlgasse geht es für uns rechts in die **Karl-Stein-Straße.** Wir bestaunen den **Dorfbrunnen,** auf dem Hainfelder Weinhoheiten verewigt sind. Die Straße führt auf einen Weg am Modenbach entlang, dem wir bis

Alter Kastanienhof
in Rhodt

Burrweiler Mühle mit See

zum idyllisch gelegenen Restaurant **Burrweiler Mühle** 7 folgen.

Wir radeln den Weg **Zur Burrweilerer Mühle** hinauf, überqueren die Landstraße, wo es geradeaus Am Schlossberg zur **Hauptstraße** von Burrweiler weitergeht. Dort erwartet uns im ehemaligen **Schloss der Grafen von der Leyen** der nächste Genusstempel hinter einem imposanten Renaissance-Torbogen. Sehenswert ist auch die gegenüberliegende **Antik Ofen Galerie.** Über die Weinstraße radeln wir nach **Gleisweiler.** Dort geht es über die **Wein-, Haupt-** und **Badstraße** hinauf zum plätschernden **Aquarius-Dorfbrunnen.** Die Bestuhlung am Brunnen gehört zum **Café „'s Lädl“,** das uns mit Kaffee und leckeren Kuchen versorgt. Die Badstraße weiter liegt der höchste Punkt der Tour, der einzigartige über 200 Jahre alte **Sonnentempel** 8. Der liegt auf dem Gelände einer mediterranen Parkanlage der Privatklinik Bad Gleisweiler und kann nach Anmeldung an der Rezeption kostenfrei besucht werden. Zwischen Säulen blicken wir auf ein menschengemachtes Paradies. Im botanischen Garten stehen Palmen, Ginkgo, Zypressen, Zedern, Feigen sowie die wohl ältesten Mammutbäume Deutschlands. Zurück geht es bergab zur **Weinstraße,** wo wir vor dem Friedhof den Radweg durch die Weinberge nehmen. Wir überqueren die Landstraße und kommen zum „Blickpunkt Window“, einem Aussichtspunkt. Dem Weg folgen wir bergab durch die Weinberge bis Flemlingen. Dort liegt links der **Marienhof** 9, ein beliebtes Weingut mit Restaurant. Wie in der Toskana sitzen wir hier, umrahmt von Zypressen, und genießen das Leben und die Leckerei-

*Die an einem Weiher gelegene **Burrweiler Mühle** bietet außergewöhnliche Spezialitäten: Pfälzer Bruschetta mit Leberwurst, Carpaccio vom Pfälzer Saumagen, Blutwurstlasagne oder das Burer Grummbeerpännel, eine Kartoffelpfanne mit Pilzen unter Limburger-Käse.*

en der Region. Wir durchqueren den Ort über die Bach- und links die **Oberdorfstraße.** Am Ende des Dorfes geht es nach rechts und wenig später nach links auf einem Weinbergsweg querfeldein nach **Hainfeld** zurück. Gerne lassen wir uns am Ortseingang durch das pfälzische Schild „Wann's Licht brennt is uff!" vom **Weingut Bernhard Koch** in seinen Pavillon oder in die moderne Vinothek locken. Wir biegen an der Weinstraße bei der bunten Madonna links ab und radeln in den barocken Kern Hainfelds rund um den **Dorfplatz** und die der heiligen **Barbara** geweihte Kirche, die für die Einheimischen als älteste Weinkönigin überhaupt gilt. Der **Dorfladen Weck & Ebbes,** also „Brötchen und Etwas", bietet regionale Produkte an. Am Dorfplatz radeln wir rechts in die Raiffeisenstraße und links **Auf den Niederwiesen** weiter. Wir nehmen den Radweg links des Modenbachs und kommen nach **Edesheim**. Über die Luitpoldstraße passieren wir das ehemalige **Wasserschloss** der Speyerer Bischöfe, heute ein Sternerestaurant mit Eventbühne. Über die Schlossstraße erreichen wir das **Weingut Anselmann** mit seinen lauschigen Gartenpavillons. Wer möchte, kann hier in Edesheim die S-Bahn Richtung Neustadt nehmen, aber wir radeln weiter über die **Edenkobener Straße** nach Edenkoben. Dort folgen wir rechts der **Rhodter Straße** und dann links der **Weinstraße,** wo wir im **La Piazza** ein Eis essen oder das **Museum für Weinbau** in der Weinstraße besu-

Sonnentempel über Gleisweiler

Haus Rassiga in Maikammer

*Das **Haus Rassiga** ist ein Renaissancebau mit romantischem Innenhof. Es ist das Bürgerhaus der Cittaslow-Gemeinde Maikammer mit Vinothek. Präsentiert werden Informationen über den Ort sowie preisgekrönte Rebensäfte von 21 hiesigen Weingütern.*

chen können. Der Radweg führt aus Edenkoben hinaus an Schulen vorbei über eine Anhöhe nach **Maikammer.** Über die Wein- und Immergartentraße, Franzplatz und Schulstraße erreichen wir den Ortskern. In der Marktstraße besuchen wir das **Haus Rassiga ⑩.**

Auf der Weinstraße führt uns der Radweg nach **Diedesfeld** hinein, wo wir links in die **Rittersbergstraße** abbiegen. Wir radeln rechts über Am Kirschgarten nach **Hambach,** wo wir in der **Schlossstraße** mit romantischem Blick auf das Hambacher Schloss die letzten Genuss-Stationen unserer Tour finden, beispielsweise das **Weingut Naegele** oder die **Mohre Jule ⑪,** eine über 400 Jahre alte Kultgaststätte. Bergab passieren wir das Hambacher Rathaus, das als eines der schönsten in der Pfalz gilt. Zurück geht es über die Weinstraße, die wir an einer Kreuzung verlassen und halb links in die **Maxburgstraße** biegen. Dann fahren wir rechts in die **Waldstraße** und links den **Alten Viehberg** hinab zur **Schillerstraße** und zum Neustadter Bahnhof.

Schlossstraße in Neustadt-Hambach

Neustadt an der Weinstraße
Speyerbach
Nollenkopf
Kaltenbrunnertalbach
Häuselberg
Kanzgraben
Heidelberg
Hohe Loog
Rittersberg
Hambach
Schlossberg
Diedesfeld
Kalmit
Stotz
Wetterkreuzberg
Weinstraße
Breitenberg
Maikammer
St. Martin
Kropsbach
Kirrweiler
Hochberg
Heidelberg
Werderberg
Edenkoben
Triefenbach
Klosterstraße
Blättersberg
Rhodt unter Rietburg
Weyher in der Pfalz
Modenbach
Edesheim
Hainfeld
Teufelsberg
Burrweiler
Kaltenbach
Roschbach
Flemlingen
Kittenberg
Gleisweiler
Böchingen
Hainbach

Alles auf einen Blick

Genuss ✱✱✱✱✱
Entspannung ✱✱✱✱✱
Romantik ✱✱✱✱✱

WIE & WANN:
Hügelige Landschaft mit kleinen Steigungen, meist asphaltierte Wege, wenige Wirtschaftswege, teils Landstraßen; empfohlene Jahreszeit: von der Mandelblüte im März bis November

HIN & WEG:
Auto: Parkplatz 4 am Hauptbahnhof, Landauer Straße 46, 67433 Neustadt (GPS: 49.348264, 8.149486)
ÖPNV: S- und Regionalbahnlinien bis Hauptbahnhof Neustadt an der Weinstraße

ESSEN & ENTSPANNEN:
Alter Kastanienhof ❻ Theresienstraße 79, 76835 Rhodt unter Rietburg, Tel. (0 63 23) 9 88 13 00, alter-kastanienhof.de
Burrweiler Mühle ❼ Mühle 202, 76835 Burrweiler, Tel. (0 63 23) 98 07 51, www.burrweilermuehle.de
Marienhof ❾ Bachstraße 16, 76835 Flemlingen, Tel. (0 63 23) 50 09, www.weingut-marienhof.de
Haus Rassiga ❿ Marktstraße 8, 67487 Maikammer, Tel. (0 63 21) 9 52 31 50, www.weinkammer-maikammer.de
Mohre Jule ⓫ Schlossstraße 58, 67434 Neustadt, Ortsteil Hambach, Tel. (0 63 21) 8 40 72

ENTDECKEN & ERLEBEN:
Altes Rathaus mit Brunnentrog ❶ Diedesfeld
Mittelpunktstein der Deutschen Weinstraße ❷
Kräutergarten Klostermühle ❸ Edenkoben
Weinlehrpfad Edenkoben ❹
Theresienstraße ❺ Rhodt unter Rietburg
Sonnentempel ❽ im Park der Privatklinik Gleisweiler

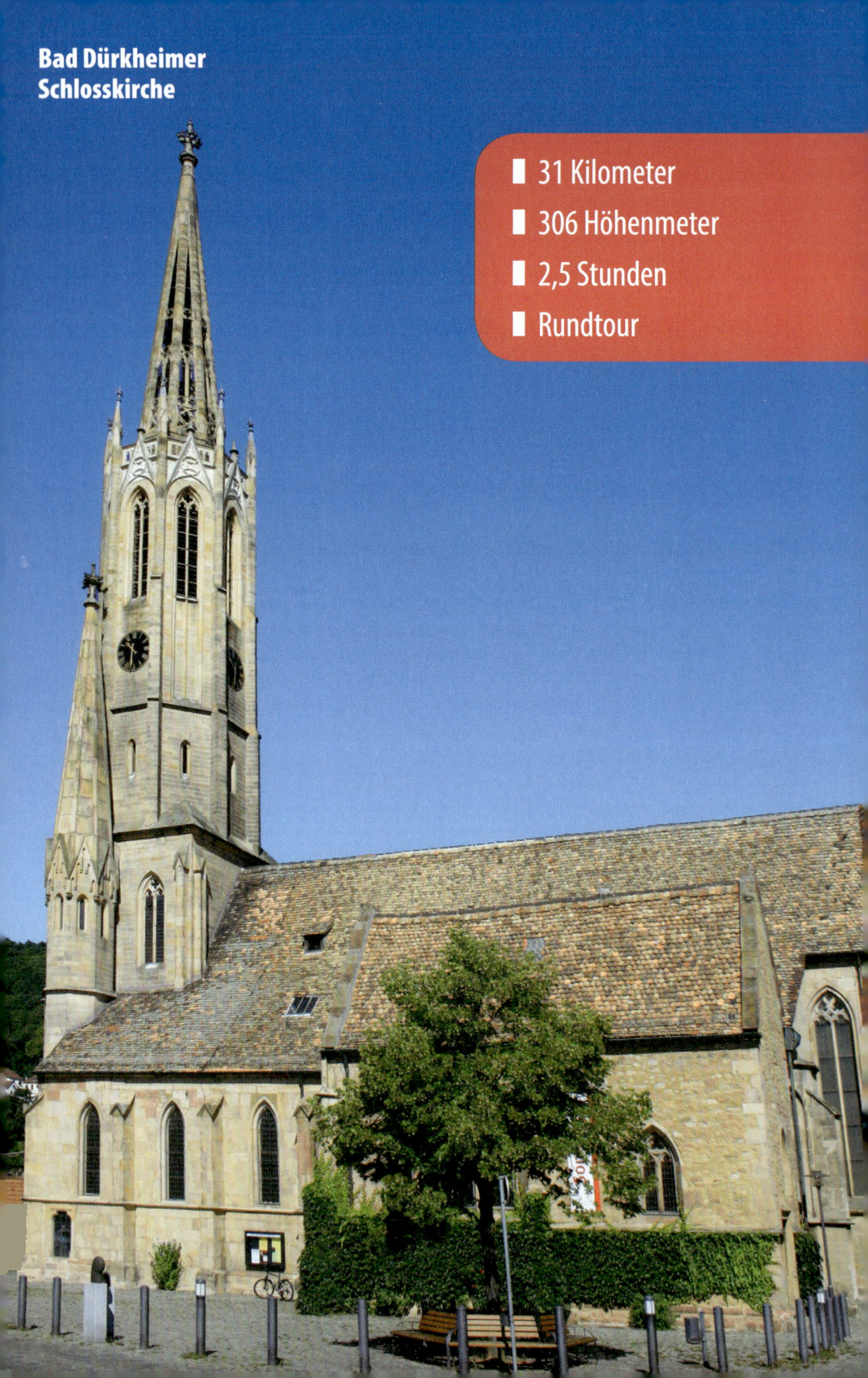

Bad Dürkheimer Schlosskirche

- 31 Kilometer
- 306 Höhenmeter
- 2,5 Stunden
- Rundtour

Römervisionen

Rund um Bad Dürkheim

Auf wunderbare Weise begegnen sich auf der Tour die römische Vergangenheit und die Gegenwart an der Deutschen Weinstraße. Dabei werden wir mit herrlichen Aussichten über die Weinberge in die Rheinebene verwöhnt. Der nahe Pfälzerwald verheißt im heißen Klima des Oberrheins einen kühlenden Westwind.

Wir starten am **Bahnhof Bad Dürkheim** und radeln links über die **Mannheimer Straße** zum Zentrum der Stadt, das bezeichnenderweise **Römerplatz** oder nur Römer heißt. Hier können wir rund um eine Brunnenanlage das Ambiente vor der Kulisse historischer Gebäude, mediterraner Pflanzen sowie gemütlicher Cafés und Restaurants genießen und uns jetzt oder am Ende der Tour stärken. Wir schieben unser Rad durch die Kirchgasse, eine Fußgängerzone, wo die **Schlosskirche** mit ihren beeindruckenden Renaissancegräbern der Leininger Grafen besucht werden kann. Am Ende der Gasse radeln wir links über die Weinstraße und dann rechts zum **Schlossplatz** und zur **Kurgartenstraße.** Dort liegt der Bad Dürkheimer **Kurpark,** den wir auf dem Radweg durchqueren. Wir kommen vorbei am klassizistischen Bau des Kurhauses mit einem Restaurant und der Spielbank, in der das größte Roulette der Welt seine Kreise zieht. Weiter geht es zur Isenach, die wir überqueren, um zur riesigen **Saline** ❶ zu gelangen.

Tafeln rund um die Saline informieren über deren Funktionsweise. Am Wasserspielplatz mit herrlichem Blick auf die **Michaeliskapelle** auf einem Hügel lassen wir kurz die Seele baumeln und atmen die heilend kühle salzhaltige Luft tief ein. Die Kapelle wacht seit

!

*Die **Saline,** auch Gradierbau genannt, ist mit 333 Metern eine der größten in Deutschland. Salzhaltiges Wasser aus dem Boden läuft über Reisig, wodurch das Salz kristallisiert und sich mit der Luft verbindet, was gut für die Atemwege ist.*

Panoramatour 2

über 500 Jahren über den **Wurstmarkt,** das heute größte Weinfest der Welt. Wir radeln über den **Wurstmarktplatz,** wo im September 2 Wochen Ausnahmezustand mit über einer halben Million Besucher ist. Einen weiteren Superlativ sehen wir bereits: das 1934 erbaute **Dürkheimer Riesenfass** **2** mit einem theoretischen Fassungsvermögen von 1,7 Millionen Liter, natürlich das weltweit größte. Theoretisch, weil das Fass als Restaurant ausgebaut wurde. Hier, im danebenliegenden **Wein-Dom** oder in der **Eisbar 23,** können wir uns stärken, denn nun geht es ein Stück bergauf. Wir radeln in die **Sankt Michaels Allee,** überqueren die Bundesstraße nach rechts, um auf der Leistadterzur **Sonnenwendstraße** zu kommen. Die fahren wir

Saline in Bad Dürkheim

Für die Seele

Wo Römer Wein, Mandelbäume und Feigen anpflanzten, radeln wir durch Weinberge und lassen uns vom Ausblick auf die Ebene verzaubern.

rund einen Kilometer bis zum Haus Talblick bergauf. Dort geht es zweimal rechts zu einem Weg, der uns über einen Waldweg zum **römischen Steinbruch Kriemhildenstuhl** ❸ führt.

Römischer Steinbruch über Bad Dürkheim

Zwar wurde der Steinbruch später nach der sagenumwobenen Nibelungenkönigin Kriemhild benannt, doch legten ihn bereits die Römer an. Dies verraten Inschriften und Felsbilder, die zeigen, dass hier die in Mainz stationierte 22. Legion aktiv war und Steine für die Gutshöfe und Burganlagen der Region abbaute. Über einen Waldweg Richtung Rheinebene geht es nun bergab. Unten erreichen wir einen idyllisch gelegenen Wohnmobilstellplatz, bei dem wir die Landstraße überqueren. Wir radeln über **In der Silz,** dann links die **Spielberg-** und wenig später rechts auf die **Michelsbergstraße** hinauf auf den Radweg. Nun folgen wir dem Symbol des **Pfälzer Mandelwegs,** der auf der Anhöhe nach links abbiegt. Im März wird hier durch die rosa und weißen Mandelblüten jeder Winterblues im Nu verscheucht. Tafeln informieren, ob wir es mit Ess- oder Ziermandeln zu tun haben. Auf der Strecke kommt uns ab und an der **Winzer-Express,** eine Touristenbahn durch die Weinberge, oder auch eine Herde **Lamas** im Rahmen einer Lama-Wanderung entgegen. Auf der Höhe radeln wir weiter mit Aussicht auf die

Über Bad Dürkheim gelegen, begegnen wir im ***römischen Steinbruch Kriemhildenstuhl*** *einem mystischen Ort. Es begeistern das Farbenspiel der Felsen, das Grün des Waldes sowie der fantastische Ausblick auf die Rheinebene, das Haardtgebirge und die Stadt.*

Römisches Weingut in Ungstein

Das **Römische Weingut Weilberg** bei Ungstein war in den Jahren 30 bis 350 besiedelt und 150 Meter breit. Im riesigen Bad gab es Toiletten mit Säulenblick, auf denen man heute noch thronen kann. Im Kelterhaus wird der damalige Weinbau anschaulich präsentiert.

Dörfer Pfeffingen und Ungstein. Nun steuern wir das von Weitem erkennbare Freilichtmuseum **Römisches Weingut Weilberg** ④ an.

Der Weilberg ist im Sommer zeitweise gastronomisch bewirtschaftet und bietet einen wundervollen Panoramablick mit Cäsarenfeeling auf Bad Dürkheim. Im Juni lagern hier beim Fest an der Römerkelter gewandete Legionäre. Wir radeln nun auf dem Radweg links der Deutschen Weinstraße weiter nach **Kallstadt.** Der Edelweinort ist die Heimat der Familien Trump und Heinz, die in den USA Weltpolitik und Ketchup gemacht haben. Den Ort durchqueren wir auf der **Weinstraße.** Am **Saumagenplatz** werden wir in einem überdachten Freilichtmuseum über den Weinbau und besonders über die Bedeutung des Bodens informiert – mit praktischen Bodenbeispielen hinter Glas. Wir radeln an der **Sankt-Salvator-Kirche** mit ihrem Barockturm vorbei zur Tourist-Info, die Wissenswertes über die Region und einen Shop für Regionales bereithält. Wer etwas verkosten und gut speisen möchte, dem sei die gegenüberliegende **Winzergenossenschaft** mit der **Weinstube Weick** ❺ empfohlen. Hier gibt es Kallstadter Saumagen, wie die hiesige Weinlage heißt, und natürlich auch einen echten Saumagen. Jeder Pfalz-Reisende sollte eine Scheibe davon aus Fleisch, Brät, Kartoffeln und Kräutern gekostet haben. Auf der Weinstraße weist kurz vor der Winzergenossenschaft eine **Steinskulptur** auf beide Saumägen hin. Am Ende der Weinstraße in Kallstadt führt der Radweg links der Deutschen Weinstraße weiter. Wir passieren das **Naturschutzgebiet Felsenberg-Berntal** mit seinen Karsthöhlen, seltenen Schmetterlingen und Vögeln. Eine Tafel informiert auf dem Weg über die größte der Karsthöhlen, die abseits der Strecke liegt. Bald erreichen wir **Herxheim am Berg.** Hier sehen wir direkt auf der linken Seite die **Winzergenossenschaft mit Alex Weinlounge** ❻**.**

***Alex Weinlounge** ist die moderne Vinothek der Winzergenossenschaft. Sie verbindet beste Aussichten mit Genuss. Riesige Fenster stehen symbolhaft für die Bedeutung des Lichts, Eichenholz für Weinfässer und Sandstein für den Boden und Weinbergmarkierungen.*

Alex Weinlounge in Herxheim am Berg

Weinbergsblick auf Herxheim am Berg

Wir radeln ortseinwärts weiter über die **Raiffeisen-** zur **Weinstraße,** wo wir rechts in die **Hauptstraße** abbiegen und links zum **Pfaffenhof** weiterrollen. Dort liegt eines der ältesten Gotteshäuser der Pfalz, die **Jakobskirche.** Deren spannende Glockengeschichte ist auf einer Hinweistafel dokumentiert. Der Platz vor der Kirche und der danebenliegende **Schlossgarten** sind wahre Glücksorte für Panoramasüchtige! Wir sitzen unter einem Schatten spendenden Baum mit Rundbank und genießen den herrlichen Weitblick über Reben und Rüben bis zum Odenwald auf der gegenüberliegenden Seite des Oberrheins. Weiter geht es über Treppen am Ende des Schlossgartens oder zurück über den Pfaffenhof zur **Friedhofstraße,** wo wir unterhalb des Schlossgartens rechts auf dem Weinbergsweg weiterradeln. Es geht Richtung Osten bergab und wir genießen zwischen den Reben den Blick zurück auf das Bergdorf Herxheim. Den Bahnhof Herxheim am Berg passieren wir und radeln parallel zur Landstraße Richtung **Freinsheim.** Den Ort erreichen wir über den Kreisel, wo wir bei der ersten Möglichkeit in die **Dackenheimer Straße** abbiegen. Sie führt uns zur Haupt-

und Herrenstraße, vorbei an der Tourist-Info und der protestantischen Kirche mit ihrem romanischen Turm. Hier sehen wir bald das **Innere Eisentor** mit einem kleinen Museum. Zwei empfehlenswerte Restaurants, **Zum Weingockel** ⑦ und **Zum Kühlen Grund,** locken hier zu einer Genusspause. Gestärkt können wir mit dem Rad das Innere Eisentor durchschreiten und kommen zum Wahrzeichen der Stadt, dem mächtigen **Äußeren Eisentor mit Stadtmauer** ⑧**.** Das Tor wirkt wie aus der Römerzeit, doch wurde es von den pfälzischen Kurfürsten im Stil der Renaissance vor 500 Jahren erbaut, um die Macht der damaligen Kurpfalz zu demonstrieren.

Es geht weiter am blumengeschmückten **Barockgarten** vorbei über die Straße **Auf der Schanz**. Die radeln wir ein kurzes Stück weiter und nehmen deren Fortsetzung, den außerhalb der **Stadtmauer** entlangführenden **Hermann-Sinsheimer-Weg.** Der erinnert an einen Literaten, der wegen seines jüdischen Glaubens in der NS-Zeit auswandern musste und dem zu Ehren die Freinsheimer jährlich einen literarischen Preis vergeben. Die Stadtmauer beeindruckt durch ihre facettenreiche Verbindung von alten Mauerresten und Wohnhäusern. Auf der Strecke fasziniert besonders der breite **Diebesturm.** Wir passieren auch das **Theader,** das angeblich kleinste Theater der Welt. Nach rund 200 Metern verlassen wir den Weg rechts in An der Bach, wo uns ein kleines, aber feines **Spielzeugmuseum** in Kindheitstage versetzt. Wir kommen auf die Südliche Ringstraße und zum **Haintor,**

Eisentor in Freinsheim

Bad Dürkheimer Flaggenturm

das mit dem Eisentor lange den einzigen Zugang zum Ort bildete. Über die **Friedhofsstraße** verlassen wir den Ort und radeln hinauf zum **Friedhof** mit seinem Turm aus dem 12. Jahrhundert. Hier erwartet uns beim Blick über die Mauer und Reben die beste Aussicht auf Freinsheim. Wir folgen diesem Weg, denn er führt uns nach rund 3 Kilometern in den Edelweinort **Erpolzheim.** Über die Burgunder-, Hauptstraße und Kirchgasse begegnen wir wieder der Isenach und können hier in einem Park eine Pause einlegen.

Wir radeln Richtung Westen die Straße Im Kinzig und Im Eichgarten weiter. Nach Haus Nr. 29 geht es links auf einen Weinbergsweg Richtung **Gönnheim.** Wir unterqueren die Autobahn und landen in der Gönnheimer **Bahnhofstraße.** Der folgen wir, vorbei an der Alten Waage, zur **Ludwigstraße.** Wir sehen links bereits die **Martinskirche,** wo ein Ruheplatz mit römischen Grabsteinen gestaltet wurde. Einkehren können wir im danebenliegenden **Hofgut Gönnheim.** Wir radeln links durch ein ortstypisches **Gardepädel 9,** also einen Gartenpfad. An dessen Ende geht es links und wir landen wieder an der Alten Waage. Zurück über die Bahnhofstraße radeln wir in die **Waltershöhe** auf den Weg nach **Friedelsheim.** Dort angekommen geht es rechts in die Bahnhofs-, links in die Maximiliansstraße und geradeaus auf einen Weinbergsweg. Der führt uns nach knapp 2 Kilometern zu einer Brücke über die Bundesstraße und zum Open-Air-Museum **Villa Rustica Wachenheim ⑩.**

Wir folgen dem Radweg, der an der Nordgrenze von Wachenheim entlang zur Deutschen Weinstraße führt. Dort treffen wir auf den **Radweg Deutsche Weinstraße,** der uns nach **Bad Dürkheim** zurückbringt. Links sehen wir über den Weinbergen den **Flaggenturm,** ein beliebtes Ausflugsziel für Panoramasüchtige. Über die Weinstraße Süd erreichen wir wieder Bad Dürkheim, wo wir über die **Philipp-Fauth-Straße** zum **Bahnhof** radeln oder im Stadtkern am **Römerplatz** in einem der Cafés oder Restaurants den Tag mit Römervisionen ausklingen lassen.

*Die **Villa Rustica Wachenheim** bietet mit gut gestalteten Tafeln einen Einblick in den Alltag eines römischen Gutshofes. Wir finden Wohn- und Wirtschaftsräume, einen Brotofen, eine Fußbodenheizung für den Wohn- und Badebereich sowie Reste einer Jupiter-Säule.*

Villa Rustica bei Wachenheim

Dackenheim
271
L455
Weisenheim am Sand
K 2
L 522
Weisenheim am Berg
Herxheim am Berg
L 522
Talweidgraben
8
7
6
Freinsheim
Schlittgraben
L 526
5
K 4
Leistadt
Kallstadt
Isenach
L 455
Erpolzheim
4
K 5
L 517
Ungstein
Albertgraben
271
Seegraben
650
Pfeffingen
P
1
37
Trift
3
2
Mannheimer Straße
L 527
37
Bad Dürkheim
Weinstraße
K 7
L 516
Gönnheim
271
9
10
Schwabenbach
L 525
Friedelsheim
Wachenheim an der Weinstraße
Wachenheimer Bach
Waldstraße

Alles auf einen Blick

Genuss ✱✱✱✱✱

Entspannung ✱✱✱✱✱

Romantik ✱✱✱✱✱

WIE & WANN:

Hügelige Landschaft mit Steigungen, meist asphaltierte Radwege und Wirtschaftswege, teils Landstraßen; empfohlene Jahreszeit: von der Mandelblüte im März bis Oktober

HIN & WEG:

Auto: Parkplatz Wurstmarktplatz, Große Allee 510, 67098 Bad Dürkheim (GPS: 49.466075, 8.172938)

ÖPNV: diverse S- und Regionalbahnlinien bis Hauptbahnhof Bad Dürkheim

ESSEN & ENTSPANNEN:

Winzergenossenschaft mit der Weinstube Weick ❺ Weinstraße 126, 67169 Kallstadt, Tel. (0 63 22) 53 00, www.weick-kallstadt.de

Alex Weinlounge ❻ Weinstraße 1, 67273 Herxheim am Berg, Tel. (0 63 53) 9 32 56 30, www.alexweinlounge.de

Zum Weingockel ❼ Herrenstraße 11, 67251 Freinsheim, Tel. (0 63 53) 91 52 54, www.restaurant-weingockel-freinsheim.de

ENTDECKEN & ERLEBEN:

Saline ❶ Bad Dürkheim

Dürkheimer Riesenfass ❷

Römischer Steinbruch Kriemhildenstuhl ❸ Bad Dürkheim

Römisches Weingut Weilberg ❹ Ungstein

Äußeres Eisentor mit Stadtmauer ❽ Freinsheim

Gardepädel ❾ Gönnheim

Villa Rustica Wachenheim ❿

Auf der Kleinen Kalmit über Ilbesheim

Wilder Süden

Südliche Weinstraße

Uns erwartet eine abwechslungsreiche, teils wilde Hügellandschaft mit viel Weitblick, der der Seele guttut!

Wie starten am Bahnhof in **Landau-Siebeldingen.** Dort folgen wir der Deutschen Weinstraße durch die Unterführung der Bundesstraße nach **Birkweiler.** Links liegt der **Weingutsausschank Siener ①,** der sich für einen Frühschoppen oder Abschlusstrunk der Rundtour eignet. Anschauen sollten wir uns gegenüber den in Stein gemeißelten **Korbträger.** Der erinnert mit typischem Winzergewand daran, wie früher Trauben transportiert wurden. Die Weinstraße verläuft über eine Biegung steil bergauf. Daher folgen wir der **Hirtengasse und Alten Kirchstraße,** die uns flacher hinaufführt. Dort erwarten uns ein Rastplatz mit Entspannungsbänken und meditativen Impulsen. Wir kommen wieder zum Radweg entlang der Deutschen Weinstraße, dem wir nach rechts bis **Ranschbach** folgen. Dort entdecken wir in der Weinstraße rechts das **Bio-Weingut Franz Braun** mit seinem als Laden umgestalteten Fass, wo es frisches Obst und Säfte gibt. Da man hier in einem Zirkuswagen übernachten kann, wäre dies auch ein möglicher Ausgangspunkt der Tour. Über die Weinstraße passieren wir die **Kirche,** wo ein Relief ein beliebtes biblisches Motiv zeigt: Die **Traubenträger** symbolisieren, dass die Pfälzer ihre Region mit dem gelobten Land vergleichen.

Hofladen in Ranschbach

Auf dem Radweg parallel zur Landstraße fahren wir aus dem Ort nach **Leinsweiler.** Wir steuern über die Weinstraße dessen Zentrum mit seinem pittoresken **Rathaus** von 1619 und dem plätschernden **Sandsteinbrunnen** ❷ von 1581 an. Gegenüber versorgt uns das Büro für Tourismus mit Infos über die Region. Die Weinstraße führt eine Anhöhe hinauf, vorbei am Atelier der Keramikkünstlerin **Ingrid Zinkgraf,** in das man bei geöffnetem Tor einen Blick werfen sollte. Sie ist eine der wenigen in Deutschland, die die japanische Brenntechnik Raku beherrscht. Dazu sind ihre Pfälzer Kultfiguren der **Elwetritsche** beliebt. Oben erreichen wir den **Leinweiler Hof,** wo wir mit herrlicher Aussicht auf der Terrasse einen Kaffee genießen oder etwas speisen können. Auf alle Fälle sollten wir den Blick vom Parkplatz aus über die Reben auf den Ort genießen, mit dem oben thronenden **Slevogt-Hof.** Dort gestaltete der impressionistische Landschaftsmaler Max Slevogt Sehnsuchtslandschaften, die heute in vielen Museen zu sehen sind. Hinter dem Leinsweiler Hof

Rathaus und Sandsteinbrunnen in Leinsweiler

Für die Seele

Es geht entlang der sonnenverwöhnten Südlichen Weinstraße mit ihrer wilden, aussichts- und burgenreichen Hügellandschaft durch Weindörfer mit Charme.

Rutschbrunnen mit Dädalus-Esel in Eschbach

können wir die Weinstraße hinabrollen oder etwas holpriger rechts über Weinbergswege radeln. Egal wo: Der Ausblick über Eschbach und die Madenburg begeistert. Wir erreichen **Eschbach** über die Weinstraße, wo uns **Eselsfiguren** in Originalgröße begegnen.

An der Ecke Weinstraße und Landauer Straße finden wir einen **Dädalus-Esel am Rutschbrunnen** ❸. Der Brunnen erinnert an ein Unwetter anno 1843, als viele Eschbacher oben auf der Madenburg waren und nur noch Schlammwege vor sich sahen. Sie seien zwar nicht wie Dädalus geflogen, doch sollen sie mutig ins Tal gerutscht sein und hatten sichtlich Spaß dabei. Wir radeln geradeaus durch die **Gartenstraße** und überque-

*Die **Eschbacher Esel** wie der Vinolo-Wein-Esel entstanden zur 750-Jahr-Feier des Ortes im Jahr 2004. Die Eschbacher kümmern sich liebevoll um ihre 38 Esel, statten sie im Winter mit Schals und in Pandemiezeiten mit Mundschutz aus.*

Die **Reichsburg Landeck** ist ein Outdoor-Museum mit Burgschänke. Auf einer Bastion steht ein Geschütz aus der Frühzeit der Kanonen, im Innenhof ein Katapult. Seit 1881 werden hier Burgfeste gefeiert, mit Rittern, Burgfräulein, Gauklern und Musikanten.

ren die Landstraße nach rechts, wo es auf dem Radweg parallel zur Deutschen Weinstraße weitergeht. Nach einer Steigung erreichen wir das **Pfalzklinikum,** wo wir links auf einem wunderschönen **Rastplatz** eine Pause einlegen und den herrlichen Blick über die zurückgelegte Strecke genießen können. Am über einer Brücke liegenden Pfalzklinikum wagen wir über den Johanna-Weg einen äußerst lohnenden Aufstieg hinauf auf die sehenswerte **Reichsburg Landeck 4.**

Vor dem Burggraben mit Holzbrücke lassen wir das Rad stehen. Von der 25 Meter hohen Plattform des Bergfrieds aus haben wir einen herrlichen Rundblick auf Klingenmünster sowie auf die Südliche Weinstraße und sehen bei gutem Wetter bis zum Schwarzwald. Die **Burgschänke** mit riesiger Panorama-Terrasse bietet leckere Flammkuchen oder Fleeschknepp, also Fleischknödel, wie es sie schon zur Ritterzeit gab.

Wir rollen den Berg wieder hinab und radeln rechts in die **Alte Straße,** die uns nach Klingenmünster führt. An der **Kirche Sankt Michael** geht es links in die Straße **Im Stift.** Hier lag das **Kloster Klingenmünster,** vermutlich

Blick von der Burg Landeck

Schloss zu Bad Bergzabern

die älteste Klosteranlage Deutschlands. Sehenswert ist der Klostergarten, den man von der Rückseite der Kirche aus erreicht. Gegenüber dem Eingang zum Garten liegt das **Stiftsgut Keysermühle** 5 mit dem Park.

Nun radeln wir zurück zur Weinstraße, über die wir, mit einem kleinen Umweg über die Hilsengasse, Richtung Süden den Ort verlassen. Der Radweg führt auf der rechten Seite der Deutschen Weinstraße weiter und biegt nach rechts ab, eine Anhöhe hinauf. Hier sollten wir anhalten und die Aussicht auf Klingenmünster und die Burg Landeck genießen. In der herrlich wilden Hügellandschaft begeistert die Symbiose aus Wald, Weinbergen und Mandelbäumen, die uns im Frühjahr ein blütenreiches Panorama bescheren. Ganz oben auf der Höhe erwartet uns das **Durchblick-Denkmal,** ein riesiger Sandstein mit schlitzartigem Fenster, durch das wir auf **Gleiszellen** und die Ebene schauen können. Den Ort durchfahren wir über die

*Das **Stiftsgut Keysermühle** liegt dort, wo eine Klostermühle am Klingbach stand. Heute ist dies ein Hotel mit hervorragendem Restaurant, das Slowfood-Speisen in Bioqualität serviert. Der Park lockt mit Blühwiesen und rund 100 Duft- und Heilkräutern.*

Weinbrunnen in Bad Bergzabern

Neubergstraße, Im Weinberg, die Brühl- und die **Schulstraße,** die uns wieder zur Weinstraße bringt.

Nächste Station ist **Pleisweiler**, wo uns in der Weinstraße die urige Fachwerk-Gaststätte **Schoggelgaul** erwartet, die für ausgefallene Fleischgerichte bekannt ist. Wer eine Erfrischung braucht, sollte einen kurzen Halt an der Ecke Weinstraße und Baumgartenstraße einlegen. Hier gibt es das berühmte **Pfälzer Eis** mit einheimischen Zutaten wie Pfälzer Feigen, Mandeln und Birnen.

Über die Weinstraße erreichen wir **Bad Bergzabern,** wo wir am Kreisel über die Triller- und dann nach links über die Herzog-Wolfgang-Straße zum Wahrzeichen der Stadt, dem **Renaissanceschloss** 6 der Herzöge von Pfalz-Zweibrücken, radeln. Hier wurde von Bürgern 1792 die Bergzaberner Republik ausgerufen, die allererste Volksherrschaft auf deutschem Boden! Den Ausblick auf das Schloss genießt man besonders gut vom Außenrestaurant des noblen **Schlosshotels,** einem ehemaligen Gästehaus der Zweibrücker Fürsten. Es geht durch die Altstadt weiter über die **Torgasse** und die **Marktstraße,** die teils Fußgängerzone ist, zur mittelalterlichen **Marktkirche.** An der Kirche geht es links am imposanten **Stadtturm** vorbei zum besinnlichen **Weinbrunnen** des Künstlers Gernot Rumpf. Der demonstriert, was passiert, wenn man zu viel Wein trinkt: Man wird zahm wie ein Lamm, lustig wie ein Affe, fühlt sich stark wie ein Löwe, um am Ende doch wie ein Schwein zu grunzen. Über die **Wein- und Kurstraße** radeln wir nun zum **Kurpark** ❼. Im dortigen **Culinarium** können wir mit Blick auf den Park rasten. Wer möchte, kann im Thermalbad der Südpfalztherme mit Saunalandschaft entspannen.

*Der neu gestaltete **Kurpark** bietet eine schöne Aussicht auf das Erlenbachtal. 1896 gab Sebastian Kneipp hier den Impuls, die Heilkraft von Wasser, Ernährung, Pflanzen, Bewegung und Lebensgestaltung zu nutzen. Der Kneipplehrpfad führt in diese Prinzipien ein.*

Über die Kur- und Weinstraße, wo wir am **Café Kaffeefleck** einen selbst gerösteten Mandelkaffee probieren können, geht es wieder durch die Altstadt. Über die Eichamtstraße, die Markt- und die **Königstraße** gelangen wir zum stolzen Renaissancehaus **Zum Engel,** wo das Bad Bergzaberner **Heimatmuseum** untergebracht ist. Am Ende der Königstraße liegt der Bahn-

Zum Engel mit Heimatmuseum Bad Bergzabern

Blick auf Ilbesheim

hof, wo wir mit der S-Bahn nach Landau zurückfahren könnten.

Wir aber radeln nach links zurück auf die Herzog-Wolfgang-Straße und über die Triller- zur **Landauer Straße** weiter, denn es erwartet uns noch ein Panoramablick der Extraklasse. Nachdem wir Supermärkte passiert haben, geht es auf einem Radweg parallel zur **Bundesstraße 38** nach Niederhorbach, das wir auf der Landauer Straße durchqueren. Ein Radweg führt uns nun bis nach **Heuchelheim-Klingen.** Wir durchqueren die Doppelgemeinde über die Linden-, Klingbach-, Bahnhof- und Hauptstraße, wo die alte **Kirche Sankt Oswald** und das **Café Bollinger** uns erwarten. Hinter dem Café biegen wir rechts in die Kirchstraße und radeln nach links über die Kaiserbachstraße nach **Göcklingen.** Der Ort war jahrelang bekannt als Ausrichter der skurrilen Kräh-Weltmeisterschaft. Im Münsterweg können wir uns im **Göcklinger Hausbräu** ❽ erfrischen. Von dort ein Stück zurück geht es über die Schulstraße nach links und gleich wieder nach rechts in die Friedhofsstraße, dann über An der Ahlmühle an der **Winzergenossenschaft Deutsches Weintor** vorbei auf den Radweg in den Ortskern von **Ilbesheim.** Dort angekommen, radeln wir über die Oberdorf- und Leinsweilerer Straße zum 1558 erbauten, wunderschönen roten **Fachwerk-Renaissance-Rathaus** und dann weiter durch die **Kalmitgasse,** an deren Ende der Weg **Affenschaukel** ausgewiesen ist. Wir können hier am besten das Rad abstellen und weiter nach oben gehen. Dort liegt einer der beliebtesten Aussichtspunkte der Pfalz, das Naturschutzgebiet **Kleine Kalmit** ❾.

*Die 270 Meter hohe **Kleine Kalmit** mit der Kapelle der Mater Dolorosa besteht aus Muschelkalk eines frühzeitlichen Meeres. Sie ist ein Naturreservat seltener Flora und Fauna. Seit Jahrhunderten werden hier Wein und Safran, das teuerste Gewürz der Welt, angebaut.*

Die Traumkulisse der 4 Kilometer entfernt liegenden Berge des Pfälzerwaldes lädt ein, die abwechslungsreiche Landschaft aus unterschiedlichen Perspektiven zu bestaunen und an festen Holztischen zu picknicken. Hinab geht es auf der anderen Seite der Affenschaukel, Richtung Arzheim. Affen ist übrigens der Spitzname der Ilbesheimer, die sich relaxt und affenschlau zugleich fühlen.

Wir passieren den Aussichtspunkt **Historischer Weinberg** mit Infotafeln. Hier befindet sich auch ein sogenannter **Lebensturm,** der Wohnraum für allerlei Tierarten bietet, so auch für Fledermäuse. Auf einem Radweg neben der Landstraße erreichen wir **Arzheim**, wo uns ein Panoramablick auf das **Ranschbachtal** erwartet. Wir radeln den Weg durch die Weinberge dieses Tals zurück nach Siebeldingen, folgen dort der **Queichstraße,** biegen rechts in die **Weinstraße** und erreichen unseren Ausgangspunkt. Im **Weingut Siener** in Birkweiler oder im **Weingut Juliushof** ⑩ bei der mittelalterlichen Siebeldinger Kirche können wir den panoramareichen Tag ausklingen lassen.

Lebensturm bei Ilbesheim

Queichhambach
Godramstein
Siebeldingen
Queich
L 508
L 490
10
Taschberg
Annweiler
am Trifels
Birkweiler
Hohenberg
Kastanienbusch
Ranschbach
Ranschbach
K 3
Arzheim
Föhrlenberg
Leinsweiler
Birnbach
K 48
K 6
K 20
L 509
Ilbesheim
bei Landau
in der Pfalz
Schletterberg
Eschbach
L 509
Rothenberg
(bei Eschbach)
Waldhambach
Mörzheim
48
L 508
K 47
Göcklingen
Kaiserbach
Treutelskopf
L 510
Klingenmünster
Heuchelheim-
Klingen
L 493
L 493
Klingbach
K 18
38
Gleiszellen-
Gleishorbach
Steinköpfchen
Pleisweiler-
Oberhofen
Niederhorbach
Horbach
Hirtenbach
48
Eulenkopf
K 16
L 508
L 544
427
Erlenbach
Erlenbach
Kapellen-Drusweiler
Bad Bergzabern
L 545
38
427
1
2
3
4
5
6
7
8
9
10

Alles auf einen Blick

Genuss ★★★★☆

Entspannung ★★★★☆

Romantik ★★★★★

WIE & WANN:
Hügellandschaft mit Steigungen, meist Radwege, wenige Wirtschaftswege; empfohlene Jahreszeit: ab März bis Oktober

HIN & WEG:
Auto: Trifelsstraße, 76831 Birkweiler, Siebeldingen (GPS: 49.206911, 8.039488)
ÖPNV: diverse S- und Regionalbahnlinien bis Bahnhof Siebeldingen

ESSEN & ENTSPANNEN:
Weingut Siener ❶ Weinstraße 31, 76831 Birkweiler, Tel. (0 63 45) 35 39, www.weingutsiener.de
Stiftsgut Keysermühle ❺ Bahnhofstraße 1, 76889 Klingenmünster, Tel. (0 63 49) 9 93 90, stiftsgut-keysermuehle.de
Göcklinger Hausbräu ❽ Münsterweg 2, 76831 Göcklingen, Tel. (0 63 49) 53 35, www.goecklingerhausbraeu.de
Weingut Juliushof ❿ Weinstraße 84, 76833 Siebeldingen, Tel. (0 63 45) 27 60, www.weingut-juliushof.de

ENTDECKEN & ERLEBEN:
Altes Rathaus mit 3-Röhren-Sandsteinbrunnen ❷ Leinsweiler
Dädalus-Esel am Rutschbrunnen ❸ Weinstraße 64, Eschbach
Reichsburg Landeck ❹ Klingenmünster
Renaissanceschloss ❻ Königstraße 61, Bad Bergzabern
Kurpark ❼ Bad Bergzabern
Kleine Kalmit ❾ Ilbesheim

Blick auf Zell und den Donnersberg

- 51,4 Kilometer
- 648 Höhenmeter
- 4 Stunden
- Rundtour

Nordpfalzkante

Rund ums Zellertal

Die Nordpfalz bietet eindrucksvolle und abwechslungsreiche Landschaften mit dem Panoramablick auf den mächtigen Donnersberg, das Nordpfälzer Bergland, das zauberhafte Zellertal sowie den Oberrhein mit seinen Weinbergen und Zuckerrübenfeldern. Die Nordpfalzkante bildet auch die Grenze nach Rheinhessen.

Wir starten am Bahnhof in Kirchheimbolanden, der größten Stadt der Region, und überqueren die **Neumayerstraße,** die an den hier geborenen Polarforscher Georg von Neumayer erinnert. Quer durch den **Schlossgarten** mit seinen vielen Blumen und exotischen Pflanzen radeln wir vorbei an einem Mammutbaum zur alten Residenz der Herzöge von Nassau, die heute noch das Königshaus der Niederlande stellen. Vom dazugehörenden Schloss, das 1740 fertiggestellt wurde, sind nur noch wenige Gebäude am Ende des Gartenweges zu sehen, heute eine eine Seniorenresidenz. Am **Schlossplatz** geht es in die Mozartstraße, die an den Ausnahmemusiker erinnert, der in der damaligen Schloss- und heutigen Peterskirche aufgetreten war. Wir passieren die **Peterskirche,** deren Turm aus dem 12. Jahrhundert stammt, und erreichen die **Langstraße.** Dort befinden sich der barocke **Stadthausturm** sowie das **Mozartdenkmal,** das an den Aufenthalt des Komponisten erinnert. Über die Holzgasse geht es entlang der beeindruckenden, teils 8 Meter hohen **Stadtmauer ①.**

*Die ab 1368 erbaute und teils noch gut erhaltene **Stadtmauer** mit dem eckigen Grauen und dem runden Roten Turm hat einen seltenen begehbaren Wehrgang. Über die Straße Am Wehrgang haben wir beste Aussichten auf die Vorder- und Rückseite der Mauer.*

Vor dem Stadtmauertor befindet sich eine Kneippanlage, an der wir unseren Armen ein erfrischendes Bad gönnen können. Weiter geht es über den Römer-

Stadtmauer von Kirchheimbolanden

platz rechts in die **Schlossstraße** und die Straße **Vorstadt**, dann links in die Edenborner Straße, an der Gabelung links und **Am Eselsweg** unter der Autobahn durch, auf einen Radweg Richtung **Bischheim.** Dort angekommen fahren wir am Jägerhaus rechts auf einen Wirtschaftsweg, der uns entlang des Leiselbachs an **Rittersheim** vorbeiführt. Nun radeln wir über die Rittersheimer **Hauptstraße** auf die wenig befahrene Landstraße. Wir blicken auf die Weinberge, die uns auf unserem Weg entlang der Nordpfalzkante nun eine Weile begleiten. **Gauersheim** durchqueren wir auf der Hauptstraße Richtung Albisheim, vorbei am **Weingut Bicking** mit seinem Restaurant Zum alten Weinkeller. Kurz vor dem Ort sehen wir rechts in den Weinbergen den 10 Meter hohen **Warteturm.** Dieser oben weiß bekränzte, meist beflaggte Wachtturm stammt aus dem 16. Jahrhundert und ist ein beliebter Anlaufpunkt für Wandersleute. In **Albisheim** können wir in der Stetter Straße rechts im

Für die Seele

Es geht entlang der panoramareichen Kante der Nordpfalz mit Blick auf den Donnersberg und das Zellertal sowie über die Weite der Rheinebene.

Pfarrgarten der barocken **Peterskirche** eine Pause einlegen. Hier ist auch ein Supermarkt, falls wir uns für ein Picknick versorgen wollen. Über die **Stetter Straße** geht es dann links in die Hauptstraße und rechts in die Straße **An der Steinmühle,** wo wir wieder dem Leiselbach und der Bundesstraße folgen. Bei der Abzweigung Richtung **Einselthum** überqueren wir die Bundesstraße und radeln die Straße **Wasserweg** hinauf in den Ort. In der Hauptstraße gibt es Einkehrmöglichkeiten, beispielsweise beim **Weingut Martinspforte.** Am Ende der Hauptstraße geht es über die wenig befahrene Landstraße weiter, mit herrlicher Aussicht über das zauberhafte Zellertal. Der Name des Tals leitet sich vom Ort Zell ab, heute ein Ortsteil der Gemeinde

Zellertal mit Donnersberg

Zellertal und unser nächstes Ziel. Rechts sehen wir den **Wotanfelsen,** der an eine germanische Gottheit erinnert. **Zell** beeindruckt vor allem aus der Ferne durch seine nebeneinanderstehenden Kirchen, die ein unverkennbares Panorama bilden. Hier gibt es nachweislich seit anno 708 Weinbau, von eisigen Frostwinden geschützt durch den nördlich gelegenen Osterberg. Der Ortsname stammt von der Klosterzelle, die der Mönch Philipp von Zell im 8. Jahrhundert hier errichtete. Daraus wuchs eines der ältesten Klöster in der Pfalz. Die heutige **Barockkirche Sankt Philipp** erinnert mit einer Infotafel an diese Tradition. Entlang der Hauptstraße gibt es einige Weingüter, allerdings derzeit kein offenes Restaurant. Ein entspanntes Picknick kann man im **Gutspark** einnehmen, der am Ende von Zell rechts liegt. Wir radeln die sogenannte Panoramastraße weiter und sehen das hoch aufragende **Zellertaler Ehrenmal ❷.**

*Das **Zellertaler Ehrenmal** wurde 1928 errichtet und ist einer der schönsten Aussichtspunkte an der Nordpfalzkante, mit Blick auf den Donnersberg und das Nordpfälzer Bergland. Es steht auf Felsen mitten in der Weinberg-Gemarkung Schwarzer Herrgott.*

Das **Wegkreuz mit kleinem Felsen** gegenüber dem Ehrenmal markiert den Punkt, wo Philipp von Zell seine erste Predigt gehalten haben soll – mit herrlichem Blick auf das Tal und den Donnersberg. Nach einem Kilometer passieren wir **Mölsheim** und rollen hinab nach **Wachenheim.** Wir überqueren die Pfrimm sowie eine Bundesstraße und radeln am Friedhof vorbei auf den Radweg, der quer durch die Weinberge nach Bockenheim führt. Wir können den herrlichen Blick über die Acker- und Rebenlandschaft genießen und entdecken erste steinerne Weinbergshäuschen. Kurz vor **Bockenheim** geht es auf die **Weinstraße,** wo wir mit dem **Landgasthaus Neuhäusel ❸** an einer empfehlenswerten Raststation vorbeikommen. Hier können wir auch unser Rad stehen lassen und über die Weinstraße gehen. Dort befinden sich die **Martinskirche** mit ihrem

Zellertaler Ehrenmal

Bockenheim mit Martinskirche

wunderschönen weißen Wehrturm aus dem 12. Jahrhundert sowie ein imposantes Tor im **Schlossweg,** das einst zum Schloss der Leiniger Grafen gehörte.

Wir radeln auf der Weinstraße weiter und sehen rechts eine riesige Laubenanlage, die als Festbereich der Ortsgemeinde genutzt wird. Sie wird begrenzt von Mauerresten einer frühen mittelalterlichen Hofanlage, die zeigt, wie bedeutend der Ort einst war. Wir kommen zum **Haus der Deutschen Weinstraße ❹.** Das wurde 1995 über der Weinstraße modern, aber im Stil eines römischen Gutshofs angelegt. Wie das Weintor in Schweigen soll das Tor den Anfangs- bzw. Endpunkt der Deutschen Weinstraße markieren. Hier finden wir die Tourist-Info der Region sowie das **Café Ideal,** das an einem See gelegen Entspannung mit Genuss verheißt. Bockenheim durchqueren wir auf der **Weinstraße,** auf der Weingüter des Edelweinortes locken. Einen Abstecher machen wir an der **Sankt-Lambert-Kirche** die **Stiegelgasse** hinauf in die Weinberge über Bocken-

Trullo ist der italienische Name der Weinberghäuschen in der Region, die an die im 18. Jahrhundert angeworbenen Wanderarbeiter aus Süditalien erinnern. Die steinernen Rundhütten wurden ohne Mörtel errichtet und dienten dem Schutz vor Regen oder Sonne.

heim. Hier erwartet uns eine gigantische Aussicht auf die Rheinebene mit Weinbergen und Zuckerrübenfeldern, die in der riesigen, oft qualmenden Zuckerfabrik am Horizont verarbeitet werden. Bei guter Sicht sehen wir bis zum Odenwald. Den schönsten Blick genießen wir an einem **Trullo ⑤.**

Wir könnten zwar oben durch die Weinberge weiterradeln, doch rollen wir den **Spiegelpfad** nach Bockenheim bergab, um den schnelleren Radweg an der Deutschen Weinstraße entlang nach **Asselheim** zu nehmen. Wir erreichen den Ort über einen Kreisel, auf dem wir in die **Weinstraße** abbiegen. Rechts taucht über Rebenzeilen der irisch anmutende **Rundturm der Elisabethkirche ⑥** auf. Deren steinerne Wendeltreppe gilt als die älteste romanische Treppe Deutschlands. Bei der Kirche ist auch ein Platz, wo die bezaubernde Figur einer traubentretenden Winzerin zu finden ist.

Trullo über Bockenheim

Ein zweiter Rundturm, der oben wie quer durchgeschnitten wirkt, gehörte zur ehemaligen Stadtmauer. Er befindet sich in der **Eistalstraße,** die wir am Pfalzhotel Asselheim erreichen. Am Ende des Ortes geht es auf der linken Seite der Straße weiter auf einen gut ausgebauten Radweg, der durchs Eisbachtal führt. **Mertesheim** durchqueren wir über den **Mühlweg,** die Obergasse und den Holzweg. In **Ebertsheim** überqueren wir in der **Neugasse** bei einem Rastplatz den Seltenbach und radeln dann links in die Bahnhofstraße auf einen Wirtschaftsweg, der weiter oben links am **Trappenhof** vorbeiführt. Der Weg führt uns auf eine Anhöhe. Oben steigen wir vom Rad ab und genießen den herrlichen Blick auf das Nordpfälzer Bergland, den Donnersberg sowie die umliegende wellige Acker- und Wiesenlandschaft, in der im Frühjahr der gelbe Raps leuchtet. Nach knapp 4 Kilometern erreichen wir eine Abbaugrube. Links liegt der **Landgasthof Seltenbach** ⑦ mit leckeren Speisen. Ziegen stolzieren auf einem Außengelände herum. Wir radeln weiter etwas versetzt geradeaus in die **Erlebnislandschaft Erdekaut** ⑧.

Rundturm der Elisabethkirche in Asselheim

Über einen Radweg geht es Richtung Eisenberg zum **Römerpark Vicus.** In dieser Ausgrabungsstätte kann man ab und an Archäologen über die Schulter schauen. Römische Back- und Brennöfen stehen im offen zugänglichen Außengelände. Wir biegen links in die **Römerstraße,** folgen der Hettelleidelheimer und der Hauptstraße nach rechts, bevor wir links in die **Kerzenheimer Straße** ins Zentrum von **Eisenberg** radeln. Dessen Name erinnert an die Erz- und Tongewinnung seit

*Die **Erdekaut** ist eine Erlebnislandschaft in der ehemaligen Ton- und Sandgrube Riegelstein. Es gibt hier seltene Tiere und Pflanzen, Seen als Anglerparadies, ruhige Aussichtspunkte zum Krafttanken sowie geführte Touren durch das Areal und das Grubenmuseum.*

der Römerzeit. Heute noch wird hier der reinste Klebsand der Welt abgebaut. An der Kirche können wir am **Marktplatz** eine Pause einlegen und beim Eiscafé Cortina gegossene lebensgroße **Skulpturen** von Arbeitern des traditionellen Bergbaus in der Region bestaunen. Über die **Kerzenheimer Straße** geht es weiter bis zum Kreisel am Ortsausgang, wo wir über Am Wingertsberg und die **Alte Eisenberger Straße** in das rapsfeldumgarnte **Kerzenheim** radeln. Dort biegen wir links in die Göllheimer Straße ab, die dann in die Lautersheimer übergeht. Beim **Friedhof** folgen wir nicht dem Radweg, der nach rechts abdriftet, sondern radeln geradeaus auf den Wirtschaftsweg. Der Weg führt uns bis **Göllheim,** allerdings wird er vor dem Ort etwas holprig.

Eine Ritterschlacht im Jahr 1298 um den deutschen Königsthron brachte Göllheim in die Geschichtsbücher. Ab und an wird im Sommer in einem beeindruckenden Spektakel die Schlacht mit Rittersleuten auf Pferden nachgespielt.

Über die Straße Auf der Weißerde und die Wormser Straße erreichen wir die **Hauptstraße** mit dem **Uhlschen Haus,** dem Heimatmuseum. Wir radeln zum **Kerzenheimer Tor,** einer wunderschönen dreiteiligen Rokoko-Anlage aus dem Jahr 1776. Daneben erinnert die Bronzefigur eines Nachtwächters an die alte Welt. Über die Hauptstraße radeln wir durch den meist verschlafen wirkenden Ort, vorbei an der Kirche und dem Rathaus mit der Bronzefigur des Gemeindedieners, zum **Dreisener Tor.** Dahinter fahren wir links in die Freiherr-vom-Stein-Straße, wo am **Marktplatz** in der Bäckerei eine Kaffeepause möglich ist. Weiter geht es wieder zurück durch das Drei-

Erlebnislandschaft Erdekaut bei Eisenberg

Kerzenheimer Tor in Göllheim

sener Tor und nach etwa 200 Metern links die **Steiggasse** hinauf, die ihrem Namen leider gerecht wird. Ohne Elektrounterstützung schiebt man besser. Oben radeln wir die wenig befahrene Landstraße Richtung Marnheim über einen Hügel weiter. An dessen Spitze lohnt sich ein Abstecher, allerdings besser zu Fuß, in den beeindruckenden **Geopark Dachsberg** 9.

Nun geht es bergab auf der Straße **Elbisheimerhof** nach **Marnheim,** das wir rechts über die Bahnhofs-, erneut rechts über die Haupt- und links über die **Kaiserstraße** durchqueren. Am Horizont haben wir nun wieder den Donnersberg vor uns. Wir passieren einen botanischen Lehrgarten sowie die Autobahn und radeln den teils parallel zur Landstraße verlaufenden Radweg nach **Kirchheimbolanden.** Über die Marnheimer Straße sowie die Straßen Vorstadt und Neue Allee landen wir wieder am **Schlossgarten.** Dort können wir im **Restaurant Orangerie** 10 die Tour ausklingen lassen. Am Ende der Straße liegt auch der Bahnhof.

*Der frei zugängliche **Geopark** im ehemaligen Steinbruch Dachsberg war in Urzeiten eine Meereslagune. Heute ist er ein besinnlicher Entdeckerort mit 17 Tafeln, die spannend über die Erdgeschichte und den heutigen Lebensraum für Reptilien und Vögel informieren.*

61
L 445
L 446
Ilbesheim
L 401
L 386
P
Bischheim
L 386
Stetten
10
Rittersheim
1
Gauersheim
Gutleutbach
Kirchheim-
bolanden
Leiselsbach
L 447
Einselthum
L 398
Hungerberg
2
Mölsheim
Albisheim (Pfrimm)
271
47
Zellertal
Wachen-
heim
Bolanden
L 401
Marnheim
L 448
Bubenheim
Ottersheim
L 449
Kindenheim
3
Ammelbach
4
63
Bockenheim
an der Weinstraße
9
Biedesheim
L 450
K 69
5
Kinderbach
47
L 450
K 26
Göllheim
Lautersheim
Quirnheim
L 395
L 396
6
L 449
Kerzenheim
271
L 448
L 516
L 452
Ebertsheim
L 395
Mertesheim
Rodenbach
L 395
Eisbach
Grünstadt
Eisenberg (Pfalz)
Kühberg
K 73
6
Schloßberg
8
7
L 395
L 453
Tiefenthal
Hettenleidelheim
L 520

Alles auf einen Blick

Genuss ★★★★☆
Entspannung ★★★★☆
Romantik ★★★★★

WIE & WANN:
Hügelige Landschaft mit Steigungen, meist asphaltierte Wirtschaftswege, wenig Radwege, teils Landstraßen; empfohlene Jahreszeit: von April bis Oktober

HIN & WEG:
Auto: Parkplatz Friedhof, Am Staffelstein, 67292 Kirchheimbolanden (GPS: 49.670526, 8.018740)
ÖPNV: S- und Regionalbahnen bis Bahnhof Kirchheimbolanden

ESSEN & ENTSPANNEN:
Landgasthaus Neuhäusel ❸ Weinstraße 93, 67278 Bockenheim an der Weinstraße, Tel. (0 63 59) 42 17, landgasthaus-neuhaeusel.de
Landgasthof Seltenbach ❼ Seltenbach 1, 67304 Eisenberg (Pfalz), Tel. (0 63 51) 61 62
Restaurant Orangerie ❿ Dr.-Edeltraud-Sießl-Allee 4, 67292 Kirchheimbolanden, Tel. (0 63 52) 7 40 83 10

ENTDECKEN & ERLEBEN:
Stadtmauer ❶ Kirchheimbolanden
Zellertaler Ehrenmal ❷
Haus der Deutschen Weinstraße ❹ Bockenheim (Pfalz)
Trullo ❺ Bockenheim
Rundturm der Elisabethkirche ❻ Asselheim
Erlebnislandschaft Erdekaut ❽ Eisenberg (Pfalz)
Geopark Dachsberg ❾ Göllheim

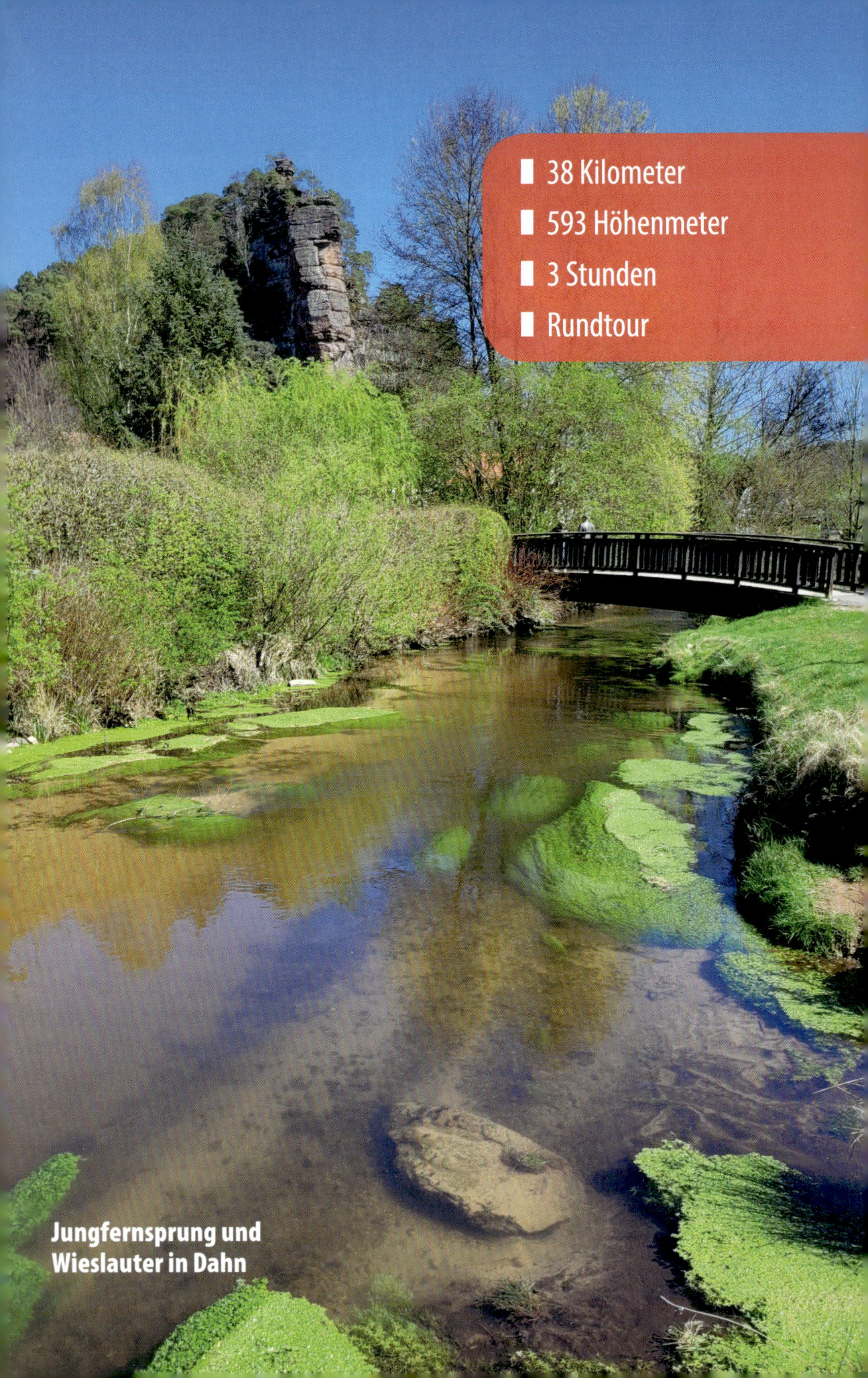

- 38 Kilometer
- 593 Höhenmeter
- 3 Stunden
- Rundtour

Jungfernsprung und
Wieslauter in Dahn

Biosphärisch

Dahner Felsenland

Der herrliche Rundweg durch den Landstrich, der **Wasgau** genannt wird, bietet einen Wechsel aus offenen Talwiesen und dem Ausblick auf Sandsteinformationen, die aus dem Wald herausragen. Wir radeln meist über ausgebaute Radwege, über Wirtschaftswege im Wald und durch sehr ruhige Ortschaften, mitten im ersten von der UNESCO anerkannten grenzüberschreitenden Biosphärenreservat Europas. Es geht entspannt entlang der **Wieslauter,** die später als Lauter der Grenzfluss zum Elsass wird, dann folgen wir dem romantischen **Fischbach,** der seinem Namen alle Ehre macht, und dem in einem engen Tal gelegenen **Moosbach.** Leider gibt es nur wenige Genuss-Stationen in den ruhigen Erholungsorten, weswegen Verpflegung für ein Picknick mitgenommen werden sollte.

Wir starten am **Bahnhof Dahn,** einem staatlich anerkannten Luftkurort direkt am steil aufsteigenden **Jungfernsprung ❶.** Diese dramatische Felsformation regte immer schon Fantasien an. So wird die Sage vom wilden Raubritter Hans Trapp erzählt, der hier einer Jungfrau die Unschuld rauben wollte. Sie sei von dort oben gesprungen, durch ihren aufgebauschten Rock nach unten schwebend gerettet. Eine Quelle markiert den Ort, an der sie gelandet sein soll.

Wir radeln an dieser Felsformation vorbei über die **Markt-** und die **Weißenburger Straße** durch den Ort Dahn mit seinen beiden Kirchen sowie dem **Rathaus,** in dem die Tourist-Information über das **Dahner Felsenland** Auskunft gibt. Im Ort können wir uns für ein Picknick beim Bäcker, Metzger oder am Ortsausgang

*Die atemberaubende Kulisse des **Jungfernsprungs** ist eine Buntsandsteinformation mit Bergkreuz, die Teil des 297 Meter hohen Vogelsbergs ist. Die 57 Meter hohe Felsenformation kann erwandert und erklettert werden.*

Urzeit-Elwetritsch im Kurpark Dahn

am Kreisel in einem Supermarkt versorgen. An diesem Kreisel liegt auch der **Kurpark,** der mit seinem **Haus des Gastes** ❷ einen kulinarischen Anfangs- oder Endpunkt der Tour markieren kann. Der Heimbach plätschert in einen kleinen See, in dem sich Enten tummeln. Mitten in der Ruheoase entdecken wir besondere Wesen: die **Elwetritsche** ❸. Im Park sind neben Infotafeln auch Elwetritsche-Skulpturen ausgestellt. Sie zeigen zwei Urzeit-Elwetritsche als Bindeglied zwischen Dinosaurier und Vogel sowie eine streitlustige Kampf-Elwetritsch.

Wir durchqueren den Park und kommen zur **Schlossstraße.** Nun geht es einen steileren Anstieg Richtung Schlossberg hinauf zu den drei Dahner Burgen Altdahn, Gräfendahn und Tanstein. Wir stellen das Rad am Parkplatz ab und erklimmen die Ruine der **Burg Altdahn** ❹, wo wir auch das kleine **Burgmuseum**

*Die Fantasiewesen **Elwetritsche** sind eine Mischung aus Tier, Elfe und Wichtel. Sie sind in der Pfalz verbreitet, ob in Neustadt, Friedelsheim, Otterstadt oder Speyer. Der Elwetritsche-Lehrpfad Dahn mit Infotafeln erstreckt sich auf 11 Kilometer.*

Für die Seele

Mitten im Biosphärenreservat Pfälzerwald radeln wir aussichtsreich durchs Felsenland auf den Spuren der sagenhaften Elwetritsche und genießen das satte Grün.

Burg Altdahn über Dahn

besuchen können. Hier finden regelmäßig große Ritterspektakel statt, mit Schwertkämpfen, Musik, Mittelaltermarkt und Schmaus. Belohnt werden wir durch einen fantastischen Ausblick auf den Pfälzerwald. Weiter geht es über den Waldweg, der vom Parkplatz unter der Burg weiterführt und wo uns ein Schild auf den **Dreiburgenblick** hinweist. Dieses spektakuläre Panorama liegt ein wenig weiter auf der linken Seite. Hier sehen wir wie sonst kaum irgendwo die Pracht der mittelalterlichen Festungen, die, typisch für die Pfalz, auf einem großen Sandsteinmassiv errichtet wurden. Ein **Rastplatz,** der von einem großen Holzritter bewacht wird, bietet die Möglichkeit für ein Picknick.

Wir folgen dem Weg, der bergab zurück ins Tal nach **Reichenbach** führt. Dort orientieren wir uns am Bahnhof, wo man in umgebauten Bahnwaggons übernachten kann. Wir radeln über die Industriestraße parallel zur Wieslauter in den Erholungsort **Bruchweiler-Bärenbach.** Über die Straße **Im Grün** landen wir an der Station **Pluto,** einem der Haltepunkte auf dem Planetenweg. Der beginnt in Hinterweidenthal und sensibi-

Dreiburgenblick

lisiert für das Weltall und die Himmelskörper. Wir fahren über die **Fabrik-** nach links in die **Dorfstraße,** vorbei am Dorfladen „Sell und Jenes“, folgen der **Gartenstraße,** die in die **Wiesenstraße** übergeht, wo wir in einem kleinen Freizeitpark verschnaufen können. Über die Otto-Muck- und die Industriestraße passieren wir den **Bahnhof Bundenthal** und biegen am Ende des Ortes rechts ab auf den Radweg Richtung **Rumbach.** Der leicht aufsteigende Weg kreuzt die Landstraße, sodass wir nun entlang des Rumbachs in den gleichnamigen Ort radeln. Im Frühling erwartet uns am Ortseingang eine Allee aus herrlich **blühenden Obstbäumen.** Links geht es zum alten **Kelterhaus,** das daran erinnert, dass hier früher das Obst gleich verarbeitet und gekeltert wurde. Eine wunderschön angelegte Begegnungsstätte rund um einen kleinen Weiher am Bach mit Tischen für ein Picknick lädt zum längeren Verweilen ein. An der **Kneippanlage** können wir Arme und Beine erfrischen. In Rumbach lohnt ein Abstecher hinauf über die Haupt- und Ortsstraße zur rund 1000 Jahre alten romanischen **Christuskirche ⑤.**

*Die romanische **Christuskirche Rumbach** ist eines der schönsten Gotteshäuser der Pfalz. Die einstige Wehrkirche wurde im Mittelalter mit beeindruckenden Fresken ausgestattet, beispielsweise einem seltenen Christusbild mit Königskrone im Chorraum.*

Wenn wir einkehren wollen, finden wir in der Ortsstraße das empfehlenswerte **Wirtshaus Zum Salztrippler ❻.** Über die Orts- und Hauptstraße radeln wir zurück zum ausgewiesenen Radweg, der am **Gienanth-Brunnen** rechts auf den Radweg Richtung Fischbach führt. Die Infotafel an diesem historischen Wasserspeier erinnert an einen Pionier der Stahlverarbeitung aus dem 19. Jahrhundert, dessen Vorfahren einst als protestantische Glaubensflüchtlinge aus Frankreich in die Pfalz kamen.

Der Radweg führt nun durch eine Auenlandschaft, in der wir Kraft sammeln können. Eine kleine Steigung führt zur **Rumbacher Höhe** hinauf. Dort können wir auf einer Sitzbank neben einem alten **Meilenstein** aus bayerischer Zeit etwas ausruhen und die eingeritzten Meilen- und Kilometerangaben vergleichen. Nun geht es bergab in das Naturschutzgebiet **Königsbruch am Saarbach.** Langsam fahren wir über einen langen hölzernen Brückenweg über das Sumpfgelände und schauen uns rechts und links um. Wer innehält, hat die Chance auf eine Begegnung mit Wildtieren und Vögeln aller Art. Wir radeln weiter und entdecken bald über der Wiesenlandschaft auf der rechten Seite am Ortseingang von Fischbach das beeindruckende Biosphären-Erlebniszentrum. Das erreichen wir am Ende des Radweges über die Fischbacher **Hauptstraße.** Vor dem Haus wurde eine meditative Ruheoase mit Entspannungsplätzen angelegt, ideal für eine längere Erholungspause. Hier stellen wir das Rad ab und besuchen mit frischer Energie das **Biosphärenhaus Fischbach ❼.** Neben dem Biosphärenhaus liegt

Gienanth-Brunnen in Rumbach

Ruheplatz am Biosphärenhaus Fischbach

das **Naturerlebniszentrum Wappenschmiede** als Umwelteinrichtung mit Übernachtungsmöglichkeit und einem Zentrum für Biberbeobachtung. Im Biosphärenhaus oder hier in der Wappenschmiede gibt es die Möglichkeit, eine Pause einzulegen und sich zu verköstigen.

Weiter geht es über die **Hauptstraße** in den Ort **Fischbach,** vorbei an der Kirche Sankt Bartholomäus und dem **Rathaus.** Im Ortszentrum an der Grundschule finden sich ein Supermarkt sowie zwei Bäckereien, die auch Kaffee anbieten. Ein Stück weiter über die Hauptstraße fahren wir in die **Dahner Straße.** Wir radeln aus dem Ort hinaus und folgen dem ausgewiesenen Rad- und Wanderweg durch das zauberhafte **Fischbachtal**. Auf dieser Strecke mäandert der Bach ruhig über den sandsteinhaltigen Boden. Wir begegnen romantischen kleinen Fischweihern, in denen sich Forellen an sonnigen Plätzen wärmen. Einige Rastplätze eignen sich für ein Picknick. Im **Wolfsägertal** sehen wir

!

*Das **Biosphärenhaus** und der Biosphärenweg sensibilisieren für die Zusammenhänge in der Natur. Rund um dieses Erlebniszentrum sind Entdeckerstationen aufgebaut. Empfehlenswert ist der Baumwipfelpfad, der zwischen den Bäumen teils über Hängebrücken führt.*

*Im **Naturschutzgebiet Moosbachtal** erwarten uns idyllisch gelegene Waldseen, die beruhigend wirken. Rund um den Parkplatz finden sich Hinweistafeln über das Tal, den hier frei lebenden Luchs sowie den Wolf, der hier lebte und wieder im Kommen ist.*

links eine Hütte. Dahinter müssen wir den Fischbach überqueren. Nur ein kleines Radlerschild weist uns darauf hin, dass uns der Waldweg über eine Steigung links des Fischbachs weiterführt. Diese Rampe führt rund 2 Kilometer die Anhöhe hinauf. Unter uns wird der Fischbach immer kleiner, bis er in seiner Quelle verschwindet. Auf der Spitze der Anhöhe gibt es drei Wege, aber keinen Hinweis. Wir radeln geradeaus auf dem Weg weiter und rollen lange Zeit entspannt bergab. Rechts der Strecke liegt, leider von Bäumen verdeckt, das **Naturschutzgebiet Moosbachtal (8),** das wir unten erreichen.

Beim Parkplatz am See weist ein Schild auf die **Dahner Hütte** hin, eine typische ehrenamtlich bewirtschaftete Hütte des Pfälzerwald-Vereins, mit den dort üblichen Leckereien wie Leberknödel mit Kraut. Wir radeln weiter ans Ende des Moosbachtals zum Campingplatz am **Neudahner Weiher.** Dort ist eine gleichnamige Gaststätte, die Erfrischung und Speisen bietet. An der Bahnhaltestelle biegen wir rechts ab auf den Radweg Richtung Dahn. Wir radeln unterhalb der **Burg Neudahn,** die von hier aus nicht zu sehen ist. Eine Besichtigung der Burg ist über einen Wanderweg möglich. Mit dem Rad müssten wir über einen längeren Wirtschaftsweg hinaufradeln.

Es geht nach rechts weiter an der Wieslauter entlang Richtung Dahn. An einer hölzernen Brücke, die nach **Dahn** hineinführt, halten wir inne und bestaunen diesmal aus der Ferne das Panorama des beeindruckenden **Jungfernsprungs** mit der klaren Wieslauter im Vordergrund. Als Abschluss können wir zum **Haus des Gastes** in den Kurpark radeln oder uns gleich links in der Pirmasenser Straße ein leckeres Eis im **Café Eisheisel** **9** gönnen, beispielsweise den herrlich frischen Riesling-Becher mit Zitroneneis, Trauben und Riesling, mit einem ehrfürchtigen Blick hinauf auf den über uns liegenden Jungfernsprung.

Neudahner Weiher

L 487
L 486
Salzwoog
Salzbach
L 486
L 485
Sägköpchen
427
Gerstberger Kopf
Erfweiler
Mehrsberg
Dahn
K 39
1
3
4
8
9
Kauert
2
Hochstein
Moosbach
Langenbach
Seibertsbach
Reichenbach
Braunsberg
Kaletschkopf
Kleiner Eyberg
Kleiner Mückenkopf
Großer Mückenkopf
Großer Eyberg
K 42
Mückenberg
Bruchweiler-Bärenbach
L 489
Fischbach
Spießbach
Roßbach
5
Bundenthal
Rumbach
6
Wieslauter
Fischbach bei Dahn
7
L 478
Saarbach
Kleiner Roßberg
L 478
Rumbergs-kopf
Vorderer Sesselberg
An der Stirne
Großer Heinzenkopf
L 478
Kleiner Adelsberg
K 44
K 46
L 488
Großer Adelsberg
K 43
Nothweiler
Petersbächel
Schönau (Pfalz)
DEUTSCHLAND
FRANKREICH

Alles auf einen Blick

Genuss ★★★☆☆
Entspannung ★★★★☆
Romantik ★★★★★

WIE & WANN:
Waldlandschaft mit zwei größeren Steigungen, meist Radwege, teils Landstraßen und Waldwege; empfohlene Jahreszeit: Mai bis Oktober

HIN & WEG:
Auto: am Bahnhof Dahn, entlang der Äußermühlstraße, 66994 Dahn (GPS: 49.153728, 7.771837)
ÖPNV: S-Bahn bis Bahnhof Dahn

ESSEN & ENTSPANNEN:
Haus des Gastes ❷ Weißenburger Straße 17d, 66994 Dahn, Tel. (0 63 91) 9 19 82 65, www.hdg-dahn.de
Wirtshaus Zum Salztrippler ❻ Ortsstraße 13, 76891 Rumbach, Tel. (0 63 94) 52 58, www.zumsalztrippler.de
Café Eisheisel ❾ Pirmasenser Straße 39, 660994 Dahn, Tel. (0 63 91) 33 38

ENTDECKEN & ERLEBEN:
Jungfernsprung ❶ Dahn
Elwetritsche ❸ Kurpark, Dahn
Burg Altdahn ❹ Schlossberg, Dahn
Christuskirche ❺ Rumbach
Biosphärenhaus Fischbach ❼
Naturschutzgebiet Moosbachtal ❽

Marktplatz von Neustadt an der Weinstraße

- 36,4 Kilometer
- 249 Höhenmeter
- 3 Stunden
- Rundtour

Die Tour bietet Natur, Kultur und Genuss im Übermaß. Überall auf der Strecke laden Ruheplätze zur Entschleunigung ein. Ausgangspunkt ist der Hauptbahnhof von **Neustadt an der Weinstraße.** Hinter dem imposanten Bahnhofsgebäude liegt der älteste aktive Lokschuppen der Welt, inklusive teils aktiver Dampfrösser. Wir radeln vom Bahnhof geradeaus über die Exterstraße weiter und biegen am Ende der Straße rechts in die Maximilianstraße ab. Diese führt uns an der **Heim'schen Privat-Sektkellerei** vorbei zum Radweg nach Mußbach. In der Mitte des Weinstraßendorfes **Mußbach** erreichen wir über An der Bleiche, nach links in die Hermann-Löns- und in die Herrenhofstraße den **Herrenhof 1.** Das heutige Kulturzent-

Rebenmeer

Entlang der Mittelhaardt

rum gehörte einst den Johanniter-Rittern und gilt als das älteste Weingut der Pfalz. Wein gibt es heute in der angrenzenden **Winzergenossenschaft Weinbiet** oder alkoholfrei bei Bähr Pfalztraube.

Geradeaus überqueren wir die Straße **An der Eselshaut,** radeln über die Schulstraße, biegen an der T-Kreuzung links ab und gleich darauf rechts in die Pfarrhausstraße. Der Straße Am Stecken folgen wir nach rechts bis zur **Deutschen Weinstraße.** Nun geht es auf dem Radweg rechts daneben weiter bis Ruppertsberg. Der Blick schweift dabei über das Grün der Weinlage Eselshaut und das erhabene Haardtgebirge. Wir

können hier Winzer bei der Arbeit beobachten, wenn sie im Frühjahr die Reben in Form bringen oder im Herbst teils noch in Handlese ihre Ernte einbringen. In **Ruppertsberg** lockt an der Hauptstraße die **Teegärtnerei Schönfeld** mit einheimischen Kräuterkreationen. Tee hat hier eine lange Tradition, denn im **Ruppertsberger Teehaus** wurden bereits vor 180 Jahren vornehme Teestunden im englischen Stil gehalten. Das kürzlich renovierte Schmuckstück liegt auf einer Anhöhe über dem **Hofgut Ruppertsberg ❷,** das wir von der Mittelgasse nach links über die St.-Josef- und die Franz-Fluch-Straße, die in die **Obergasse** übergeht, erreichen.

*Das **Hofgut Ruppertsberg** bietet für ein Picknick regionale Biolebensmittel der Extraklasse: frisches Brot, Obst, leckere Käse- und Wurstwaren sowie Wein und Säfte aus eigener Produktion. Das Biorestaurant hat es in den Guide Michelin geschafft.*

Wir radeln die Obergasse etwas zurück und dann links über die **Appengasse** bis zur Freizeitanlage „alla hopp!". Rechts geht es die Bürgermeister-Oberhettinger-Straße am Neuen Weinbach entlang, bis wir links über den Rohrwiesenweg und die Hauptstraße das Zentrum von **Niederkirchen** erreichen. Strahlend ragt hier der weiße **Vierungsturm** der Kirche **Sankt Martin** empor, ein seltenes Kleinod aus dem 11. Jahrhundert. Schräg gegenüber können wir uns im liebevoll geführten **Weingut Reinhardt** mit frischen Biofrüchten und Saft versorgen. Von der Hauptstraße geht es rechts in die **Friedelsheimer Straße,** von der bald links der Kraut und Rüben Radweg abzweigt. Der führt uns rund 5 Kilometer durch die Weinberge nach **Friedelsheim.** Dort angekommen geht es die Hauptstraße entlang und dann links in die **Burgstraße,** wo wir den Turm der einstigen **Burg Friedelsheim** ❸ entdecken. Vom **Turm** aus haben wir einen hervorragenden Ausblick auf das nahe Haardtgebirge mit dem Hambacher Schloss und der Ruine des ehemaligen Klosters Limburg. Am **Wassergraben,** wo eine Figur des Pfalzgrafen

*Die **Burg Friedelsheim** ist eine der wenigen noch existierenden Burgen in der Ebene. Im 16. Jahrhundert hat Pfalzgraf Johann Casimir das Areal zu einem Schloss ausgebaut und mit einem Wassergraben umgeben.*

Für die Seele

Wir entspannen in grüner Rebenlandschaft am Waldrand und genießen in pittoresken Weinorten hervorragende Weine, Säfte und Leckereien aus der Region.

Friedelsheimer Burg mit Wassergraben

mit Erläuterung steht, ist ein schattiger Rastplatz für Radler. Der Blick auf das Wasser, in dem sich Enten tummeln, entspannt.

Nach der Rast radeln wir die Burgstraße weiter, dann rechts über die Von-Wieser- und links die Bahnhofstraße zum sehenswerten **Weinlehrpfad Im Schlossgraben,** der rund 30 Rebsorten auf engem Raum präsentiert. Zurück über die **Bahnhofs-,** die in die **Schulstraße** übergeht, umrunden wir den Ort und kommen zur protestantischen Kirche. Hinter ihr steht der beliebte **Bürgerbrunnen.** Der Künstler Gernot Rumpf hat hier fantasiereich die pfälzischen Fantasiewesen **Elwetritsche** gestaltet. Im Unterschied zum Neustadter Elwetritschebrunnen gibt es hier, passend zum Ort, Apfel-, Nuss- und Kartoffel-Elwetritsche.

Weiter geht es über den Gartenweg zur **Hauptstraße** zurück, die in eine Landstraße übergeht. Parallel zu ihr fahren wir auf dem Radweg rund 3 Kilometer nach

*Die **Sektkellerei Wachenheim** lockt mit mediterraner Atmosphäre, einem leckeren Crémant oder einem alkoholfreien Sparkling Rosé. Eine Steinfigur erinnert an Dom Pérignon, den Erfinder des Schaumweins. Empfohlen wird die Führung durch den Keller.*

Sektkellerei Schloss Wachenheim

Wachenheim. Dort steuern wir über die Raiffeisenstraße rechts die Bahnhofstraße an. An der Kreuzung Hintergasse besuchen wir die gläserne **Metzgerei Hambel.** Hier gibt es pur oder mit Kastanien verfeinert einen der besten Saumagen der Pfalz. Der wird gekocht, in Scheiben serviert und besteht aus Bratwurstbrät, Schweinefleischwürfeln, Kartoffeln und Gewürzen.

Weinlokal Zum Schockelgaul in Forst

Beliebter Haltepunkt in Wachenheim ist der kleine Marktplatz im Schatten der **Kirche Sankt Georg,** ein von evangelischen und katholischen Christen genutztes Gotteshaus. Am Platz gibt es im **Café Schellack** Kuchenspezialitäten oder in der Weinmanufaktur **PFALZweiße** Snacks und feinen Wein. Empfohlen wird ein Besuch der **Sektkellerei Schloss Wachenheim** mit dem **Restaurant Cuvée 1888 ❹.**

Wer in Wachenheim die weithin sichtbare **Wachtenburg** besuchen möchte, muss das Rad wegen Treppenstufen an beiden Wegen stehen lassen und hinaufwandern. Daher halten wir kurz inne, genießen den Blick über die Weinreben zur Burg und radeln auf dem Radweg weiter nach **Forst,** wo die Weinlage Forster Ungeheuer auf Außergewöhnliches hindeutet. Im Wald über dem Ort liegt mit dem Pechsteinkopf der einzige **Vulkan** am Oberrhein. Dieser produzierte einst Basalt, die Basis für einen hervorragenden Riesling, der weltweiten Ruhm genießt. Um an den natürlichen Feuerspucker zu erinnern, zieren feuerspuckende **Sandsteindrachen** als Ungeheuer die Ortseingänge. Für Radler ist das Basalt-Kopfsteinpflaster im Ort unangenehm. Als Belohnung für die holprige Fahrt können wir das **Weinlokal Zum Schockelgaul ❺** mit seinem gut ausgestatteten Hofladen besuchen oder uns in dessen Restaurant die legendären Bratkartoffeln schmecken lassen.

Es geht weiter auf dem Radweg Deutsche Weinstraße nach **Deidesheim,** einem der schönsten Flecken der Pfalz. Besonders beeindruckend ist das **Rathaus** der Stadt mit seiner außergewöhnlichen barocken Doppeltreppe. In seinen Kellerräumen erwartet uns das **Museum für Weinkultur.** Auf dem Marktplatz am plätschernden Andreasbrunnen liegt der **Deidesheimer Hof,** der Sterne-Hochgenuss bietet. Hierher lud einst Bundeskanzler Helmut Kohl internationale Gäste zum Saumagenessen ein. Es lohnt, hier zumindest bei einem Getränk zu verweilen und das Treiben ringsum zu beobachten.

Weiter geht es am Marktplatz die **Schlossstraße** entlang, wo der Blick in den Burggraben eine Wohlfühloase mit Ruhebänken und Pflanzen offenbart. Von der Schlossstraße biegen wir rechts in die Bahnhofstraße ab und erreichen den **Geißbockbrunnen** ❻. Der erinnert an die über 700 Jahre alte Tradition der Geißbockversteigerung, die jährlich am Pfingstdienstag auf der Treppe des Rathauses stattfindet. Zum

Historisches Rathaus mit Marktplatz in Deidesheim

Geisbockbrunnen in Deidesheim

Ausgleich für Weiderechte führt zuvor ein Brautpaar aus Lamprecht einen gut gehörnten und „gebeutelten" Geißbock durch den Pfälzerwald nach Deidesheim.

Am Brunnen finden wir auch die **Tourist-Information,** wo wir erfahren, dass Deidesheim eine der ersten Cittaslow-Gemeinden Deutschlands ist: Genuss und Entschleunigung sollen hier an erster Stelle stehen. Das können wir im **Weinparadies des Winzervereins Deidesheim 7** ausprobieren, das wir über die Bahnhofsstraße nach links und die Prinz-Rupprecht-Straße erreichen.

Weiter radeln wir wieder zurück über die Bahnhofs- zur **Weinstraße** Richtung Neustadt. Nach dem Ortsausgang geht es über eine Anhöhe an Ruppertsberg vorbei. An einer **Kreuzung** trennen sich Radwege. Wir folgen rechts dem Radweg Deutsche Weinstraße, der über Gimmeldingen und Haardt zurück nach Neustadt führt. Steinbrüche schimmern aus dem nahen Grün des Haardtgebirge hervor. Bereits die Römer

!

*Der **Deidesheimer Winzerverein** ist der älteste der Pfalz. Sein Weinparadies birgt einen modernen Präsentationsraum, wo leckere Weine, Säfte, Lebensmittel aus der Region, Bücher und Mitbringsel aller Art sowie Produkte rund um den Wein angeboten werden.*

haben hier Sandstein für ihre Villen abgebaut. Ein Schild weist auf die Kultgaststätte **Pfalzblick** hin, zu der ein Abstecher lohnt.

Wir erreichen **Gimmeldingen,** das für seine 2500 Mandelbäume berühmt ist. Im Frühjahr radelt man hier durch ein Meer aus weißen und rosa Blüten. Viel lernen kann man am **Mandelbaum-Lehrpfad** gleich am Ortseingang in der **Meerspinnstraße.** Tafeln erklären den Unterschied zwischen Ess- und Ziermandelbäumen und wir lernen, warum es eine Symbiose zwischen Wein- und Mandelanbau gibt. Da Mandelbäume kein dichtes Blätterdach haben, rauben sie den Reben kein Licht. Außerdem können Winzer so im Frühjahr Mandeln und im Spätjahr Trauben ernten.

Beim Durchqueren des Dorfes passieren wir die **Laurentiuskirche** mit ihrem Wehrturm aus romanischer Zeit. Über die Peter-Koch-, die Heideburg- und die Straße **An der Althart** radeln wir ins Winzerdorf **Haardt,** das wegen seines herrlichen Panoramablicks über die Weinberge den Titel „Balkon der Pfalz“ trägt. Die Ader des Straßendorfs ist die Straße **Mandelring,** die wir über die Eichkehle erreichen. Gleich am Anfang liegt ein auffällig bemaltes Fachwerkhaus. Auf dem Mandelring passieren wir aber auch prächtige Gründerzeitvillen,

Mandelblüte in Gimmeldingen

Stiftskirche Neustadt

die zu Weingütern mit großen Namen gehören. Hoch oben liegt das hübsche **Haardter Schlössel,** heute ein Wohnhaus. Am Ende des Mandelrings können wir uns beim **Haardter Winzer** ⑧ verköstigen. Wir biegen in die Eckstraße ab und folgen anschließend dem Sulzwiesenweg. Die letzten beiden Kilometer radeln wir rechts über die Villenstraße zum Stadtkern von **Neustadt an der Weinstraße** mit der schönsten Altstadt der Region. Die sieben ältesten Fachwerkhäuser der Pfalz finden wir hier, aber auch Kuriositäten wie den **Elwetritschebrunnen.** Am historischen **Marktplatz** erhebt sich die spätgotische **Stiftskirche** ⑩.

Egal, wo man einen Platz in einer Gaststätte rund um den Marktbrunnen ergattert, man erblickt immer etwas Besonderes: das **Scheffelhaus** aus der Renaissancezeit, die **Vizedomei,** wo einst der Stellvertreter des Kurfürsten residierte, den farbenfrohen spätmittelalterlichen Hof des **Schwarzen Löwen** oder das **Rathaus** aus der Barockzeit. Über die Laustergasse und die Exterstraße geht es dann zurück zum Hauptbahnhof.

*Die ab 1356 erbaute **Stiftskirche,** einst Grabstätte der Pfälzer Kurfürsten, ist seit 1708 eine durch eine Mauer geteilte Simultankirche. Sie wird von Protestanten und Katholiken genutzt. In den Kirchtürmen hängt die größte Gussstahlglocke der Welt.*

Bad Dürkheim
Friedelsheim
Ebersberg
L 516
Schwabenbach
L 525
Wachenheim
an der Weinstraße
Rindskehler Kopf
K 16
Wachenheimer Bach
Pechsteinkopf
Forst an der
Weinstraße
L 527
Stechgraben
Eckkopf
Kirchberg
Moosbach
Niederkirchen
bei Deidesheim
L 527
L 528
Weinbach
Neuer Weinbach
Deidesheim
Marlach
Meckenheim
K 10
Ruppertsberg
271
Stabenberg
Königsbach
K 11
Schleitgraben
Mußbach
Erlenberg
Riedgraben
L 516
K 21
Gimmeldingen
L 519
65
Haardt
L 532
Mußbach
L 516
38
Rehbach
K 5
K 23
K 19
Speyerbach
38
39
Neustadt an
der Weinstraße
39
K 1

Alles auf einen Blick

WIE & WANN:
Flache Landschaft mit wenigen Steigungen, meist Radwege, wenige Wirtschaftswege, teils Landstraßen; empfohlene Jahreszeit: ab der Mandelblüte im März bis Oktober

HIN & WEG:
Auto: Parkplatz am Hauptbahnhof, Landauer Straße 46, 67434 Neustadt an der Weinstraße (GPS: 49.348271, 8.149453)
ÖPNV: S- und Regionalbahnlinien bis Hauptbahnhof Neustadt an der Weinstraße

ESSEN & ENTSPANNEN:
Hofgut Ruppertsberg ❷ Obergasse 2, 67152 Ruppertsberg, Tel. (0 63 26) 98 20 97, dashofgut.com

Genuss ✱✱✱✱✱
Entspannung ✱✱✱✱✱
Romantik ✱✱✱✱✱

Restaurant Cuvée 1888 ❹ Kommerzienrat-Wagner-Straße 1, 67157 Wachenheim, Tel. (0 63 22) 9 55 98 30, www.cuvee1888.de
Zum Schockelgaul ❺ Weinstraße 96, 67147 Forst, Tel. (0 63 26) 56 69, www.schockelgaul.de
Haardter Winzer ❽ Mandelring 7, 67433 Neustadt, Ortsteil Haardt, Tel. (0 63 21) 9 54 50 08

ENTDECKEN & ERLEBEN:
Herrenhof ❶ Mußbach
Burg Friedelsheim ❸
Geißbockbrunnen ❻ Deidesheim
Weinparadies des Winzervereins Deidesheim ❼ Tel. (0 63 26) 9 68 80
Stiftskirche ❾ Neustadt an der Weinstraße

- 25,8 Kilometer
- 125 Höhenmeter
- 1,5 Stunden
- Rundtour

Allee zwischen Rülzheim und Rheinzabern

Die radlerisch wenig anspruchsvolle Tour führt zeitlich überschaubar durch den ruhigen Südpfälzer Landstrich, immer dem Horizont entgegen. Im Frühjahr beeindrucken die Felder mit dem großblättrigen Tabakkraut oder dem strahlend gelben Raps, beides ideal für die kargen sandigen Böden. Im Waldschwimmbad Herxheim bei Landau oder im Strandbad Rülzheim können wir uns im Sommer erfrischen.

Wir starten in **Rülzheim** am **Bahnhof Freizeitzentrum** und radeln vorbei an der Festwiese, die uns am Ende der Tour entspannende Momente beschert. Es geht links auf die sogenannte **Hauptallee** Richtung Rheinzabern. Dieser Waldweg führt schnurgeradeaus unter schattigen Bäumen. An der Überquerung des

Horizont mit Kraut

Tabakregion bei Hatzenbühl

Rottenbachs erwartet uns links ein lauschiger Rastplatz. Wir radeln teils entlang der S-Bahn-Gleise und erreichen über die Waldstraße den verträumten Ort **Rheinzabern.** Beim Bahnübergang überqueren wir die Gleise und radeln über die **Mühlgasse** in den historischen Ortskern. Der Name Zabern leitet sich übrigens vom lateinischen Taberna ab, was Taverne bedeutet. Der römische Ursprung des Ortes ist noch an vielen Stellen erkennbar. Im Zentrum von Rheinzabern liegen daher nicht nur die 1777 umgebaute **Kirche Sankt Michael** mit ihrem mittelalterlichen Wehrturm und das historische **Rathaus.** Wir finden hier hinter dem Rathaus und der Kirche das bedeutende **Terra-Sigillata-Museum** ❶.

*Das **Terra-Sigillata-Museum** erinnert an die Herstellung der im römischen Reich als Tafelgeschirr beliebten glänzend roten und stabilen Töpferware aus Rheinzabern. Am Rheinufer gab es den begehrten feinen Ton, aus dem das Geschirr hergestellt wurde.*

Im **Pfarrgarten** hinter dem Museum und der Kirche ist ein romantischer Rastplatz, an dem wir entspannt eine Pause einlegen können. Versorgen könnten wir uns in der Metzgerei in der angrenzenden Hoppelgasse. Weiter geht es über die **Hauptstraße.** Hier werfen wir einen Blick nach rechts und entdecken das wundervoll pittoreske Ambiente des alten **Fachwerk-Schulhauses** und ein kleines **Wachthaus.** Wir radeln die Hauptstraße weiter zur **Rappengasse,** wo sich eine Bäckerei befindet. Dann geht es links in die **Faustinastraße** zu einem Gebäudekomplex, in dem ausgegrabene große **römische Brennöfen** großflächig ausgestellt sind. Genau an dieser Stelle wurde einst nämlich die wertvolle Terra Sigillata produziert und in das gesamte römische Reich geliefert, wie archäologische Funde in Europa zeigen. Der Komplex wird heute als Kindertagesstätte mitgenutzt. Falls die Türen geschlossen

Kirche Sankt Michael und Wachthaus in Rheinzabern

Für die Seele

Durch das beschauliche Kraut- und Rübenland radeln wir gemütlich dem Horizont entgegen und begegnen der Steinzeit, den Römern und dem Tabak.

sind, können wir von außen durch große Fenster in die Ausgrabungsstätte schauen. Außenvitrinen präsentieren Erzeugnisse der Brennöfen: anschauliche Gefäße aus Terra Sigillata in dem für Rheinzabern typischen Orangerot.

Wir radeln zurück zur Rappengasse, die Richtung Ortsausgang in die **Kandeler Straße** übergeht. Nun fahren wir auf einem Radweg weiter an einem Waldstück entlang. Eine leicht übersehbare Abzweigung führt rechts durch eine Unterführung auf den Radweg nach **Hatzenbühl,** unserer nächsten Station. Der Ort am Erlenbach ist die älteste Tabakanbaugemeinde Deutschlands. Die damals armen Hatzenbühler hatten mit dem Tabak endlich ein Kraut entdeckt, das auf ihren

Tabakfeld zwischen
Hatzenbühl und Hayna

kargen Sandböden und in dem heißen Klima der Südpfalz ihr Auskommen nachhaltig sicherte. Aus Dank richten sie zu Ehren der großblättrigen Pflanze alle 2 Jahre ein Fest aus und krönen eine Tabakkönigin. Um mehr über den Tabakanbau zu erfahren, radeln wir zunächst nach dem Ortseingang einen Rad- und Fußweg links am Bach entlang. Über die Albert-Schweitzer-Straße geht es zur **Luitpoldstraße** und zur **Kirche Sankt Wendelin.** Über die Kirchstraße kommen wir zum **Feigenberg,** wo der **Tabaklehrpfad** ❷ beginnt.

Der erste Teil des Lehrpfads endet an der **Goethestraße,** der wir folgen, an der T-Kreuzung nach rechts abbiegen und die Luitpoldstraße überqueren. Dort geht ein Pfad über den **Fliederweg** an der Nordseite des Ortes weiter. Überall sieht man die typischen **Tabak-Holzschuppen.** Durch Holzlamellen in den Wänden wird die Luft zum Trocknen eingelassen. Wenn eine der Scheunen offen ist, entdecken wir, dass sie mit Holzbalken ausgestattet sind, auf denen der Tabak

*Anno 1573 baute Pfarrer Anselm Anselmann im hiesigen Pfarrgarten erstmals in Deutschland Tabak aus der Neuen Welt an. Genau hier beginnt der **Tabaklehrpfad,** der die Geschichte des Anbaus, den Jahreszyklus sowie die Verarbeitung des Krauts erläutert.*

Tabakscheune von innen

Archäologische Anlage Herxheim bei Landau

getrocknet wird. Die Pflanzen produzieren rund 16 Blätter, die mit der Nadel an einer Tabakschnur, Bandelier genannt, aufgefädelt und aufgehängt werden, bis sie eine volle Braunfärbung erreichen.

Weiter geht es links über die **Lindenstraße,** wo weitere Schuppen zu sehen sind. Am Ortsausgang radeln wir links in den Weg **Am Bildstöckel.** Hinter dem Hofladen Seither geht es rechts auf einen Wirtschaftsweg und dann links auf den Weg, der uns nach Hayna führt. Der Blick schweift hier im Schatten zweier riesiger Windräder über Felder, die zeitlich nacheinander im Wechsel mit Raps und mit Tabak bepflanzt sind. Das Tabakkraut streckt im Mai bis Juni herrlich seine rosaroten Blütenstände dem Himmel entgegen. Dann wird die Blüte von den Bauern geköpft, damit der Pflanzensaft allein in die Tabakblätter fließt. Wir erreichen **Hayna,** das ebenfalls über 100 Tabakschuppen zählt. Auf der Hauptstraße nach rechts passieren wir viele Fachwerkhäuser sowie die Kirche und das alte Schulhaus, das um 1820 erbaut wurde. Beim **Gasthaus Zur Krone** erreichen wir am dortigen Spielplatz den sehenswerten **Tabakbrunnen** ❸ von Gernot Rumpf. Der Künstler hat neben den hängenden Krautblättern und dem sitzenden Metallraucher auf einer Bank auch die pfalztypischen Elwetritsche gestaltet.

Am Ende der Hauptstraße geht es auf einem Radweg weiter nach Herxheim bei Landau, wieder durch eine weite Landschaft, an deren Horizont wir schemenhaft den Haardtrand erblicken. Am Ortseingang von **Herxheim bei Landau** können wir das Waldschwimmbad besuchen oder wir biegen beim Möbelhaus gleich links in die **Ortrandstraße Süd-West** ab, wo uns ein Weg zum Gewerbepark West führt. Hier wurde eine kleine **archäologische Anlage** aufgebaut, die daran erinnert, dass in der Gemarkung einst ein wichtiges Zentrum der Jungsteinzeit lag. Nach der Besichtigung geht es zurück zum Kreisel, wo wir den Weg rechts entlang des **Alten Klingbachs** nehmen und in wunderschön angelegte Kleingärten der Herxheimer blicken können. Über die Bonifatiusstraße kommen wir vorbei am traditionellen **Café Theobald.** Wir radeln an der Kreuzung über die Richard-Flick-Straße zur **Oberen Hauptstraße,** auf die wir rechts abbiegen. Dort liegt im Zentrum von Herxheim vor der historischen Villa Wieser ein wunderschön gestalteter und schattiger Platz mit einer großen Brunnenanlage. Das **Eiscafé Roma Villa Wieser** ④ erwartet uns mit leckerem Kaffee, Kuchen und Eisspezialitäten, die an Sonnentagen besonders munden. Es lohnt sich, eine Pause einzulegen.

Klingbach bei Herxheim

Brunnen und Villa Wieser in Herxheim

Die **Villa Wieser** ist das Kulturzentrum von Herxheim und der **Dorfbrunnen ⑤**, gestaltet von Gernot Rumpf, spiegelt die Geschichte der Gemeinde. Wir sehen Tabakpflanzen sowie ein Rennpferd und ein Motorrad. Beide zeigen die Verbundenheit des Ortes zum Pferde- und Motorsport. Ein Brot erinnert an die Brotweihe im August, aber auch daran, dass die Herxheimer einst versorgt werden mussten. Das Einhorn erinnert symbolisch an das nahe Frankreich. Leckermäuler können von hier aus einen Abstecher in die Oberhohlstraße machen, wo die **Schokokuss-Fabrik Trauth** angesiedelt ist und traumhaft gute, frische Schaumleckereien bietet. In die ursprüngliche Richtung geht es auf der Hauptstraße weiter zum **Museum Herxheim ⑥.**

*Das **Museum Herxheim** bietet eine Ausstellung über die Jungsteinzeit, als Herxheim ein wichtiges Zentrum war, sowie über Herxi, wie ein Menschenfund liebevoll genannt wird. In der Abteilung Kulturgeschichte werden Geräte der Tabakherstellung präsentiert.*

Wir biegen rechts in die **Käsgasse** ab, die uns wieder zum Alten Klingbach führt, der hier romantisch durch den Ort plätschert. Auf dem Weg radeln wir bis zum Sportfischerverein und dem Rastplatz weiter, biegen nach links und wenig später nach rechts ab und folgen dem Radweg an der Landstraße nach **Herxheimweyher.**

Den Ort durchqueren wir über die Hauptstraße und fahren dann rechts auf dem Unteren Deichweg weiter. Wir überqueren den Klingbach, der hier als Panzergraben umgestaltet wurde, und radeln links weiter zum Rülzheimer Campingplatz. Dort geht es rechts um einen Weiher und den großen Badesee herum zur Festwiese. Hier war ein Zentrum der Straußenzucht in Europa, das leider 2022 schließen musste. Jedoch ein kleiner Streichelzoo wird noch liebevoll gepflegt. An der Festwiese erwartet uns eine der in der Pfalz beliebten **„alla hopp!"-Anlagen 7.**

Aktiv die Tour ausklingen lassen können wir auch im **Strandbad Rülzheim 8.** Das liegt hinter der Freizeithalle, die wegen ihrer Form „Dampfnudel" genannt wird, und bietet klares Wasser sowie feinen Sandstrand unter Schatten spendenden Bäumen. Im dazugehörigen Restaurant gibt es einfache Speisen. An der Festwiese können wir uns schließlich am Tennisclub im **Restaurant Da Basi 9** verwöhnen lassen. Zum **Bahnhof Rülzheim** sind es dann nur noch wenige Meter.

*Die **„alla hopp!"-Anlagen** sind hochwertige und aktivierende Fitness- und Freizeit-Parcours. Deren Name stammt vom SAP-Gründer und Spender Dietmar Hopp, soll aber auch auf die pfälzische Redensart „Auf geht's" oder „Alles gut!" anspielen.*

„alla hopp!"-Anlage in Rülzheim

Herxheim bei Landau (Pfalz)
Herxheimweyher
Rülzheim
Alte Mühlgasse
Obere Hauptstraße
Untere Hauptstraße
Alter Klingbach
Klingbach
Rottenbach
Saugraben
Heulachgraben
Feldlachgraben
Erlenbach
Grüner Graben
Hauptstraße
Kandeler Straße
Hayna
Hatzenbühl
Rheinzabern
Erlenbach bei Kandel
L 543
L 493
L 542
L 540
L 549
K 44
K 10
K 11
K 62
65
1
2
3
4
5
6
7
8
9

Alles auf einen Blick

WIE & WANN:
Flache Landschaft, meist auf Rad- und Wirtschaftswegen; empfohlene Jahreszeit: April bis Oktober, besonders schön zur Tabakblüte im Juni

HIN & WEG:
Auto: Parkplatz am See, Alte Mühlgasse, 76761 Rülzheim (GPS: 49.150446, 8.275145)
ÖPNV: S-Bahn bis Bahnhof Rülzheim Freizeitpark

ESSEN & ENTSPANNEN:
Eiscafé Roma Villa Wieser ❹ Obere Hauptstraße 3, 76863 Herxheim bei Landau, Tel. (0 72 76) 14 19, www.roma-herxheim.de
Restaurant Da Basi ❾ Am See, 76761 Rülzheim, Tel. (0 72 72) 77 45 79

Genuss ★★★☆☆
Entspannung ★★★★★
Romantik ★★★★☆

ENTDECKEN & ERLEBEN:
Terra-Sigillata-Museum ❶ Rheinzabern, Tel. (0 72 72) 95 58 93
Tabaklehrpfad ❷ Hatzenbühl
Tabakbrunnen ❸ Hayna
Dorfbrunnen ❺ Herxheim
Museum Herxheim ❻ Tel. (0 72 76) 14 19
„alla hopp!"-Anlage ❼ Rülzheim
Strandbad Rülzheim ❽ Tel. (0 72 72) 9 28 40

Am Eschbach
in Kleinkarlbach
24,7 Kilometer
201 Höhenmeter
2 Stunden
Rundtour

Der meist ebene Weg liegt mitten im **Leininger Land,** wie die Region nach einem Herrschergeschlecht benannt wird, deren Residenzen wir besuchen. Der wunderschöne Landstrich bietet Weinberge, Äcker und den aus dem Wald kommenden Eckbach, dem wir einen Großteil der Strecke folgen. Entlang des Bachs begegnen wir sehenswerten Mühlen, lauschigen Plätzen am sanft dahingleitenden Wasser und Weingütern der Spitzenklasse.

Wir starten am **Bahnhof Grünstadt,** der größten Stadt der Region. Um uns einen Überblick auch für das Ende unserer Tour zu verschaffen, radeln wir zunächst in die Innenstadt. Es geht vom Bahnhof aus rechts in die **Friedrich-Ebert-Straße,** nach der Kurve in

Mühlenrausch

Im Leiningerland

die **Poststraße,** die uns bis zur **Hauptstraße**, einer Fußgängerzone, führt. Hier stellen wir unser Rad ab, gehen nach rechts und kommen zum **Alten Rathaus ①,** der ersten Station unserer Tour. Dieses Schmuckstück wurde um 1600 in der Renaissancezeit erbaut und dient heute als Tourist-Information, in der wir Wissenswertes über das Leininger Land erfahren. Das hier untergebrachte **Museum** der Region mit dem alten Ratssaal lohnt, am Ende der Tour besichtigt zu werden.

Wir gehen zurück und schlendern mit dem Rad durch die Hauptstraße. Hier können wir uns in Backläden versorgen oder noch einen Kaffee zu uns nehmen. Die Fußgängerzone endet an der im Mittelalter

Schlosstor und Martinskirche in Grünstadt

erbauten **Martinskirche.** Diese protestantische Hauptkirche der Region ist eines der Wahrzeichen der Stadt und wurde im barocken Stil umgestaltet. Rechts davon liegt der Schlosspark mit dem **Unter- und Oberhof ❷,** einst Teile der barocken Residenz der Leiniger im 18. Jahrhundert. Wir werfen hier einen Blick in die **Neugasse,** wo auch ein imposantes Tor auf der rechten Seite an diese große Zeit der Stadt erinnert. Dann verlassen wir Grünstadt in die entgegengesetzte Richtung über die **Kirchheimer Straße,** rechts die Straße **Vorstadt** und den langen **Kreuzerweg,** auf dem wir am neuen Rathaus vorbei- und unter der Autobahn durchradeln. Wir erreichen nach der Unterführung den Ortsteil **Sausenheim,** wo es über die Weinbietstraße, nachdem wir zweimal rechts abgebogen sind, weiter über Kalkerde bis zum Kreisel geht. Wir radeln in die Leininger- und etwas später rechts in die Untertorstraße, vorbei an der **Peterskirche.** Links können wir in der Angelstraße nachschauen, ob die Kultbrauerei **Brauart** gerade ihre Tore offen hat und uns Einblicke in die Braukunst gewährt. An der T-Kreuzung biegen wir links und danach gleich rechts ab, folgen der **Schulgasse,** Auf der Hohl, links der Bärenbrunnengasse und rechts der **Leininger-** und **Sausenheimer Straße.** Diese führt uns hinauf zu unserem nächsten Ziel, dem Burgdorf **Neuleiningen.** Der Ort liegt malerisch auf einer Anhöhe über den Weinbergen. Die Überreste der Burganlage mit Mauer, Graben und Zugbrücke sowie die eng beieinanderstehenden Fachwerkhäuser bilden ein romantisches Ensemble, für das wir uns Zeit nehmen sollten. Unsere Räder stellen wir in der **Kirchengasse** bei der Burg ab und erkunden das alte Gemäuer bis zum Aussichtsturm. Dort genießen wir den gigantischen Blick über die Rheinebene. Wir besuchen die **Kirche Sankt Nikolaus,** einst Burgkapelle mit Grafenloge. Einen Überblick über die Festungsgeschichte verschaffen kann man sich sonntags im **Museum im Burgturm** oder in der Kirchengasse im **Museum an der Münze.** Neuleiningen war die Residenz der Leininger Grafen ab dem 12. Jahrhundert, nachdem sie die im Wald gelegene Burg Altleiningen als nicht mehr zeitgemäß verlassen hatten. Der Bau der Neuleininger Burg folgte damals modernster Technik, mit den ersten Mauer-Schießscharten im deutschen Raum. Im Bauernkrieg 1525 wurde die Burg verschont, weil die weitsichtige Gräfin Eva die hungrigen Bauern hier großzügig verköstigte. 1690 fiel sie dann doch im Pfälzischen Erbfolgekrieg der Zerstörungswut französischer Truppen zum Opfer. Nach dem Rundgang können wir uns in der **Burgschänke Neuleiningen** ❸ stärken.

Für die Seele

Wir radeln entspannt durch das Leiningerland mit seinen ehemaligen Residenzen Grünstadt und Neuleiningen und entdecken Mühlen entlang des Eckbachs.

*Die **Burgschänke Neuleiningen** bietet faszinierende Ausblicke auf den Burgbereich oder bei schlechtem Wetter spannende Einblicke in den romantischen Sandsteingewölbekeller. Es gibt leckere Getränke sowie Fleischkreationen, die jeden Ritter fröhlich stimmen.*

Nun radeln wir abwärts Richtung **Kleinkarlbach.** Wer nicht auf der Straße radeln möchte, nutzt einen nach rechts abbiegenden Weinbergsweg. Wir fahren bis zur **Talstraße.** Von hier aus haben wir einen herrlichen Blick auf die außergewöhnliche Lage und das Panorama von Neuleiningen. Deutlich sieht man von dieser Seite aus die Mauer sowie den mächtigen Diebesturm mit Öffnungen, die man als Freilufttoilette interpretiert. Links entdecken wir einen Gebirgsvorsprung, den **Leininger Sporn,** zu dem man mit Kraft oder Elektrounterstützung hinaufradeln könnte. Diese außergewöhnliche Felsformation ist einmalig in der Rheinebene. Laut Archäologen haben hier Neandertaler gelagert, um nach Jagdbeute in der Ebene Ausschau zu halten. Heute sehen wir dort die Reste der Burg **Battenberg,** auf deren Gelände das Hofgut Battenberg mit seiner **Weinlounge Aussichtsreich** und

Blick auf Neuleiningen

Kleinkarlbach

einem der schönsten Hotels entlang der Deutschen Weinstraße untergebracht ist. Wir jedoch radeln über die Hauptstraße nach **Kleinkarlbach.** Dort begegnet uns der **Eckbach 4,** dem wir nun folgen.

Am gut ausgeschilderten **Eckbach-Mühlenweg** finden wir ansprechend gestaltete Tafeln, die die Unterschiede zwischen den Mühlen erläutern. So treffen wir auf der Strecke beispielsweise auf Kornmühlen, die Mehl herstellen, Ölmühlen, die Raps zu Speise- oder Lampenöl verarbeiteten, Walkmühlen für Wollstoffe sowie Hammermühlen und Schleifmühlen für Schmiedearbeiten.

Wir radeln weiter am offenen Durchfluss des Eckbachs, der von den Kleinkarlbachern besonders liebevoll angelegt wurde. Bunte Blumen säumen ab dem Frühjahr den Weg. Hier entdecken wir bereits die ersten alten Mühlräder, die zu Ausstellungszwecken präsen-

*Die Quelle des **Eckbachs** liegt bei Altleiningen im Pfälzerwald. Eck kommt vom althochdeutschen Wort Ache, womit ein nicht schiffbarer Fluss gemeint ist. Der rund 40 Kilometer lange Bach mündet im Rhein. 23 historische Mühlen finden wir an dem Gewässer.*

Eckbach mit Blick auf Kirchheim

tiert werden. Ruhebänke laden zum Entspannen ein. Wir radeln den **Bachweg** weiter, vorbei an der **Mühle Eisenbeis,** und kommen an eine Stelle, wo der Eckbach naturbelassen mäandernd am wildesten auf der Strecke wirkt. Hier sollten wir innehalten, vielleicht auf dem großen Rastplatz am Ende von Kleinkarlbach, und die Natur mit ihren flatternden Schmetterlingen und Wildblumen genießen. Der Weg führt uns vorbei an einer Wiesen- und später Weinbergslandschaft, unter der Bundesstraße hindurch bis **Kirchheim,** dessen Kirchturm lange schon am Horizont zu sehen ist. Auch wenn der Ort sehenswert ist und mit der Leininger Mühle hier eine der wichtigsten Einnahmequellen der Grafen zu Leiningen lag, umrunden wir ihn. Hierzu biegen wir die **Mühlstraße** links ab und folgen dem Radweg entlang des Eckbachs.

Der nächste Haltepunkt ist in **Bissersheim,** wo gleich am Ortseingang die **Haldmühle** liegt. Am Bergweg überqueren wir wieder den Eckbach und radeln über die Bachgasse und Hauptstraße in die Hollergasse, wo Freitag bis Sonntag eine Rast mit kleiner oder großer Speise beim edlen **Knipsers Halbstück** 5 empfohlen wird. Ein Stück zurück radeln wir über die Hauptstraße bis zur Straße Am Goldberg, biegen hier links und gleich darauf rechts auf den Eckbach-Weg ab. Wir passieren eine Allee von riesigen Zypressen sowie den sogenannten Fledermauswald, wo an einer Rastbank über die Natur in der Region informiert wird. Bald erreichen wir **Großkarlbach.** Über die **Kändelgasse** kommen wir zunächst zur Bachmühle, deren Gebäude an eine toskanische Villa erinnern. Eine einladende Sitzgelegenheit für Radler und Wanderer an der Biegung des Weges wurde aus einem Fass hergestellt. Die Rheinmühle am offenen Bach öffnet regelmäßig ihr Tor. Hier wurde einst Öl produziert. Etwas weiter in der Ortsmitte liegt das Mühlenmuseum der Region, die **Alte Dorfmühle** 6.

*In der **Alten Dorfmühle Großkarlbach** wird Wissenswertes zum Handwerk und zu den Mühlen präsentiert. Die einstige Getreidemühle war auch eine Bannmühle, in der Untertanen ihr Korn nur hier mahlen durften. Dies bescherte dem Grundherrn zusätzliche Einnahmen.*

Knipsers Halbstück in Bissersheim

Mühlenmuseum in Großkarlbach

Wir fahren weiter auf der Kändelgasse zur Hauptstraße, biegen links in den **Mühlweg** ab, wo hinter der gut erhaltenen **Pappelmühle** der Radweg am Eckbach rechts weitergeht. Wenn wir uns hier mit einem Kaffee, einem leckeren Kuchen oder kleinen Gerichten stärken wollen, sollten wir den Mühlweg geradeausfahren und um die Ecke in der **Silvanerstraße** das **Caféhaus am Eckbach 7** besuchen.

Der Radweg führt nun Richtung **Laumersheim**, wo der Eckbach nach rechts weiterfließt und wir entlang der Bundesstraße eine Autobahn unterqueren. Wir erreichen den Weinort Laumersheim über die **Großkarlbacher Straße,** wo links das **VDP-Weingut Philipp Kuhn 8** mit seiner Weinprobierstube und bequemen Außentischen zur Weinverkostung auf uns wartet.

Ein weiteres renommiertes VDP-Weingut in Laumersheim ist Knipser. Das erreichen wir über die rechts abbiegende **Hauptstraße.** In der 150-jährigen Familientradition wurde Knipser mehrfach als deutsches Wein-

*Philipp Kuhn gehört dem **Verband deutscher Prädikatsweingüter VDP** an, erkennbar am Adler mit der Traube. Es gibt strenge Regeln für Qualitätswein der Spitzenklasse. Hier lernen wir VDP-Guts- und -Ortslagen von Ersten und Großen Lagen zu unterscheiden.*

Zypressen bei Laumersheim

Kleinste Fußgängerzone Deutschlands in Dirmstein

*Das pompöse **Sturmfeder'sche Barockschloss** ist heute Rathaus, Bücherei und Musikschule. Am Tor hält Erzengel Michael sein Flammenschwert wohl den protestantischen Kurpfälzern entgegen, denn das Schloss gehörte einem Gefolgsmann des Wormser Bischofs.*

gut des Jahres prämiert. Wir radeln ein paar Meter zurück und biegen rechts in die **Schlossstraße** ab, wo wir wieder auf den Eckbach treffen. Ohne einen großen Übergang zwischen den Orten zu sehen, radeln wir nach **Dirmstein,** das als barocke Perle der Region gilt. Über die Mühl- und nach rechts über die Laumersheimer Straße kommen wir zum **Affenstein** und der Fußgängerzone. Hier schieben wir das Rad ein paar Meter und stellen es rechts beim **Sturmfeder'schen Schloss** 9 ab.

In der mit 80 Metern kürzesten **Fußgängerzone** Deutschlands, so behaupten es zumindest die Dirmsteiner, kann man beispielsweise im **Gasthaus Bengel** einkehren. Gleich am Anfang der Fußgängerzone liegt die ab 1742 erbaute barocke **Laurentiuskirche,** deren Entwurf vom berühmten Baumeister Balthasar Neumann stammt. Da es auch einen evangelischen Teil der Kirche gibt, darf verglichen werden, ob einem die katholisch-barocke oder die protestantisch-nüchterne Ausstattung unter einem Dach besser gefällt.

Weiter geht es am anderen Ende der Fußgängerzone. Dort radeln wir links über die **Marktstraße** und die Straße **Obertor,** wo linker Hand das Koeth-Wandscheidsche Schloss mit seinem **Schlosspark** liegt. In diesem abgeschotteten Areal mit zwei Eingängen können wir eine Entspannungspause einlegen. Der Park ist einer von ursprünglich sieben englischen Gärten, die es in Dirmstein gab. Nun radeln wir zurück nach Grünstadt. Es geht kurz über **Am Mandelpfad** auf einen Wirtschaftsweg und dann die Dirmsteiner Straße nach **Obersülzen.** Dort biegen wir von der **Hauptstraße** rechts in die **Heidesheimer Straße** ab, von der etwa 500 Meter weiter links der Radweg nach Grünstadt über eine Ackerlandschaft mit herrlichem Ausblick führt. In **Grünstadt** erreichen wir über die Schlachthof- und die Friedrich-Ebert-Straße wieder den **Bahnhof.** Wir können die Radtour gemütlich in der Stadtmitte ausklingen lassen, bei einem Besuch im Museum oder einem kulinarischen Abschluss in einem Eiscafé oder in **Jacko's Bistro und Café** ⑩ in der Fußgängerzone.

Tor des Sturmfeder'schen Schlosses in Dirmstein

Grünstadt
Obersülzen
Dirmstein
Laumersheim
Sausenheim
Neu-
leiningen
Kleinkarlbach
Kirchheim
an der Weinstraße
Bissersheim
Großkarlbach
Battenberg
Landgraben
Sausenheimer Graben
Kreuzerweg
Leiningerstraße
Hauptstraße
Eckbach
Krumbach
Eisbach
Eistalstraße
Altbach
Orlenberg
L 395
L 453
L 454
L 455
L 517
L 520
L 516
K 29
K 30
K 1
271
6

Alles auf einen Blick

WIE & WANN:
Bis auf eine Steigung flache Strecke, meist auf ausgebauten Radwegen, Wirtschaftswegen und wenig befahrenen Landstraßen; empfohlene Jahreszeit: März bis November

HIN & WEG:
Auto: Park & Ride Grünstadt Bahnhof, In der Haarschnur, 67269 Grünstadt (GPS: 49.564339, 8.168714)
ÖPNV: diverse S- und Regionalbahnlinien bis Hauptbahnhof Grünstadt

ESSEN & ENTSPANNEN:
Burgschänke Neuleiningen ❸ Kirchengasse 14, 67271 Neuleiningen, Tel. (0 63 59) 29 34, burgschaenke-neuleiningen.de

Genuss ✱✱✱✱✱
Entspannung ✱✱✱✱✱
Romantik ✱✱✱✱✱

Knipsers Halbstück ❺ Hollergasse 2, 67281 Bissersheim, Tel. (0 63 59) 9 45 92 11, halbstueck.de
Caféhaus am Eckbach ❼ Silvanerstraße 45, 67229 Großkarlbach, Tel. (0 62 38) 44 98, www.cafehaus-grosskarlbach.de
Weingut Philipp Kuhn ❽ Großkarlbacher Straße 20, 67229 Laumersheim, Tel. (0 62 38) 6 56, www.weinshop-philipp-kuhn.de
Jacko's Bistro und Café ❿ Hauptstraße 75, 67269 Grünstadt, Tel. (0 63 59) 8 72 63 10

ENTDECKEN & ERLEBEN:
Altes Rathaus ❶ Hauptstraße 84, Grünstadt
Unter- und Oberhof ❷ Grünstadt
Eckbach ❹
Mühlenmuseum Alte Dorfmühle ❻ Kändelgasse 15, Großkarlbach, Tel. (0 62 38) 92 64 15
Sturmfeder'sches Schloss ❾ Dirmstein

- 36,1 Kilometer
- 156 Höhenmeter
- 2,5 Stunden
- Rundtour

Altdorf mit Bach

Der Namen Eden unseres Start- und Zielortes Edenkoben erinnert an den Garten im biblischen Paradies. Die radlerisch nicht anspruchsvolle Tour führt uns von der paradiesischen Weinstraße in die nicht minder schöne Region, die von den Einheimischen **Gäu** oder pfälzisch **Gää** genannt wird. Damit ist das Grenzland zwischen den Weinbergen und den Kraut- und Rübenäckern, zwischen dem Pfälzerwald und dem Rhein gemeint. Immer im Blick sind das Haardtgebirge und die weite Ebene am Horizont.

Wir starten am **Bahnhof Edenkoben** Richtung Osten. Über die **Arcelor-Mittal-Straße** und **In den Seewiesen** geht es zur **Venninger Straße.** Wir überqueren die Autobahn A 65 auf dem Radweg. Danach geht es rund 3 Kilometer weiter nach **Venningen.** Die schöne Kulisse des Haardtrandes mit dem satten Grün des Pfälzerwaldes lassen wir hinter uns. Unterwegs passieren wir einen beeindruckenden **Bildstock** aus dem Jahr 1744. Am Ortseingang von Venningen ist ein Kreisel, an dem wir die dritte Ausfahrt in die **Kirrweilerer Straße** radeln. Dort sind liebevoll alte landwirtschaftliche Geräte in einem **Freilichtmuseum** ❶ ausgestellt. Hier erhalten wir auf einer Infotafel Auskunft über den Ort. Sehenswert ist der jüdische Friedhof gegenüber, denn dort sind auch alte **Grabsteine** zu sehen, die an die einst große jüdische Landgemeinde erinnern. Wer möchte, kann über die erste Kreiselausfahrt in der Schafstraße 15 noch die alte **Synagoge** mit hebräischer Inschrift auf

Reben und Rüben

Durchs Gäu bei Edenkoben

*Im **Weinessiggut Doktorenhof** werden beste Weine in hochwertige Essige verwandelt. Der süßlich-säuerliche Genuss ist gesund. Rund 40 Essigkreationen enthalten 3 Jahre gereiften Weinessig, Kräuter oder sogar Safran, das teuerste Gewürz der Welt.*

dem Türsturz besuchen. Wieder zurück am Kreisel geht es über die **Altdorfer Straße** rechts in die **Raiffeisenstraße.** Dort erwartet uns eines der außergewöhnlichsten Weingüter Deutschlands, das Weinessiggut **Doktorenhof ❷.**

Am Ende der Raiffeisenstraße biegen wir rechts in die **Dalbergstraße,** die an ein altes Herrschergeschlecht der Region erinnert. Wir erreichen den historischen Ortskern, die **Denkmalzone** des 859 erstmals erwähnten Ortes. Hier entdecken wir schöne Fachwerkhäuser, die ab dem 16. Jahrhundert entstanden sind. Ein Beispiel ist der Dahlberger Hof, Haus 17. Über einen offenen Platz blicken wir auf die katholische Pfarrkirche **Sankt Georg** aus der Barockzeit um 1750 sowie den Dorfmittelpunkt, das **Alte Rathaus ❸,** dessen Vorderseite an der Hauptstraße liegt. Es entstand 1538 und wurde 1777 barock umgebaut. Ein historischer Torbogen erzählt von den alten Herrschern, denen der Ort einst gehörte. Im Rathaus sind heute ein **Heimatmuseum** sowie eine Bäckerei untergebracht. Auf dem Rasenplatz zwischen Kirche und Rathaus steht eine 1995 fertiggestellte Skulptur, die eine **Knospe** als Sinn-

Doktorenhof in Venningen

Altes Rathaus mit Knospe in Venningen

Für die Seele

Im Grenzland zwischen Weinbergen und Rübenäckern lassen wir uns durch weite Landschaften mit Störchen und Bergen am Horizont treiben.

bild für das erwachende Leben darstellt, ein Symbol für den mit Fruchtbarkeit gesegneten Landstrich.

Wir radeln die Hauptstraße links weiter aus dem Ort, vorbei an einem alten Leiterwagen. Nächste Station ist **Großfischlingen.** Wir überqueren den durch den Ort fließenden Modenbach, der im Pfälzerwald ein herrliches Tal hinterlassen hat. Hinter der Kirche **Sankt Gallus** in der Oberstraße kann am Bach auf dem grünen Dorfbegegnungsplatz eine Rast eingelegt werden. Dann radeln wir die **Hauptstraße** weiter und legen einen Halt im schön gestalteten Raum der **Pfalznudel** und dem danebenliegenden **Restaurant Nudelholz** ❹ ein.

Wir radeln die Hauptstraße zum Ortsende weiter und nehmen vor dem Kreisel den Radweg links Rich-

***Pfalznudel** bietet regionale Pasta mit unterschiedlichen Motiven und Geschmacksvarianten wie Kräuter und Bärlauch, Chili, Schokolade, Trüffel oder Weinpasta mit Weinbergskräutern. Im Restaurant Nudelholz überzeugen wir uns, dass Nudeln glücklich machen.*

Am Rathaus in Freimersheim

tung Freimersheim. Der führt uns durch eine ebene Landschaft, in der mitten auf weiter Flur ein einziger Baum mit einer Sitzbank wartet. Hier können wir kurz absteigen, den Blick schweifen lassen und das Treiben der Bauern auf den Feldern ringsum beobachten. Unsere nächstes Ziel ist **Freimersheim.** Auf der Hauptstraße radeln wir zum Ortskern am **Rathaus** und der Frimarhalle. Dort liegt ein Rastplatz mit Informationen zum Ort. Über die **Rathausstraße** geht es aus dem Ort wieder ins Ackerland, wo im Frühjahr großflächig Rhabarber geerntet wird. Wir überqueren den Modenbach, der Richtung Rhein fließt, und passieren die mitten in der Landschaft liegende Gäuschule. Über die Straßen **In den Feldern** und Schulstraße radeln wir vor dem Ortseingang von **Altdorf** rechts am Tennisplatz vorbei und dann links, um einen Blick auf die sehenswerte **Altdorfer Schlosskirche** mit ihrem spätgotischen Turm zu werfen. Über die **Kirchstraße** geht es zur **Hauptstraße,** in die wir links abbiegen. Wir sehen das **Türmel,** wie das 1583 erbaute alte Rathaus nach dem aufgesetzten kleinen Glockenturm genannt wird, ein Wahrzeichen des Ortes. Auf der Hauptstraße locken viele Weingüter und Straußwirtschaften. Wir radeln vom Brunnenweg rechts über die **Raiffeisenstraße** auf einen Wirtschaftsweg, der nach **Duttweiler** führt. Dort umfahren wir den Ort links auf einem Radweg am **Kropsbach** entlang. Wir entdecken eine kuschelige **Alpaka-Herde,** wie es sie inzwischen an manchen Orten in der Pfalz

Feld bei
Großfischlingen

Altes Schulhaus und Kirche
in Duttweiler

Alpaka bei Duttweiler

gibt. Es geht vorbei an einem kleinen **Schwimmbad,** das im Sommer einen erfrischenden Haltepunkt bietet. Am Ende des Weges biegen wir rechts auf die Landstraße ab und radeln nach wenigen Hundert Metern wieder rechts über die **Dudostraße** nach **Duttweiler** hinein. Gleich am Ortseingang steht die Vinothek des **Weingutes Bergdolt-Reif und Nett ⑤.**

Sehenswert sind in der Duttweilerer Dudostraße zwei alte **Schulhäuser** vor der Kirche **Sankt Michael**. Von der Dudostraße geht es geradeaus weiter über die wenig befahrene Landstraße, entlang von Feldern und Blumenwiesen nach **Geinsheim**. Der Ortsname bedeutet „Gänseheim“. Sein Wahrzeichen ist die **Gäudom** genannte Kirche **Sankt Peter und Paul** mit ihrem Storchennest auf dem Turm. Dorthin radeln wir über die

Geinsheim mit Gäudom

Sonnenuhr an der Lachener Kirche

Duttweilerer Straße, die Weihergasse und Geitherstraße an einer Bäckerei vorbei. An der Ortsverwaltung im Schatten der Kirche informiert eine Tafel über den Ort.

Über die **Gäustraße** und Am Bildstöckel überqueren wir die Bundesstraße und nehmen links den Radweg Richtung **Lachen-Speyerdorf.** Wir radeln am Diakonissen-Mutterhaus Lachen und am Kleintierzuchtverein vorbei zur **Flugplatzstraße.** Wer möchte, kann hier in Ruhe das Treiben auf einem **Kleinflughafen** beobachten. Die Straße mündet in der **Goethestraße,** wo am Jahnplatz eine Tafel über das Wein- und Rüben-Doppeldorf informiert. Wir radeln links die Goethestraße entlang durch den Ort und passieren eine Metzgerei und Weingüter. Dann geht es rechts in die **Bauerndoktor-Gros-Straße,** die an einen naturheilkundigen Bauern aus dem 18. Jahrhundert erinnert,

*Das **Weingut Bergdolt-Reif und Nett** verbindet Tradition mit Moderne, wie die futuristische Vinothek zeigt. Experimentierfreudig setzt man auf ungewöhnliche Weinfässer oder Pferde zum Pflügen der Weinberge. Hier gibt es eine kreative Radler-Weinkreation.*

der sogar beim Kurfürsten seinen Heilerfolg demonstrieren durfte. Hier erwarten uns schöne Fachwerkhäuser und die **Lachener Kirche** 6 mit ihrem mittelalterlichen Wehrturm. Besonders sehenswert ist die Sonnenuhr an der Kirche, die von dem hier lebenden Künstler Gernot Rumpf stammt. Wir radeln über die **Theodor-Heuss-Straße** vorbei an der Ortsverwaltung. Hinter Haus Nr. 77 trennt sich die Straße und wir folgen dem Weg links aus dem Ort hinaus, auf den Radweg Richtung Kirrweiler. Wir überqueren die Bundesstraße und radeln über Felder und zwischen Weinbergen teils parallel zur Autobahn. Kirrweiler in Blickweite entdecken wir Stationen des meditativen **Biblischen Weinlehrpfads** 7.

Der 2,5 Kilometer lange ***Biblische Weinlehrpfad*** *erläutert anschaulich an zwölf Stationen die Beziehung zwischen Wein und Bibel. Der Wein ist demnach ein Symbol für Christus, das Leben und den Himmel auf Erden.*

Vorbei an einer historischen Weinpresse erreichen wir die **Friedhofstraße** mit ihrer barocken Marienka-

Kirrweiler Weinlehrpfad mit Hambacher Schloss

Lederstrumpfbrunnen in Edenkoben

pelle, wo die erste Station des Biblischen Weinpfades liegt. Der Infokasten mit Flyern verschafft einen Überblick über die Stationen. Es geht weiter über die **Hauptstraße** rechts in den Ortskern von **Kirrweiler** mit dem Rathaus, einer Brunnenanlage und einer Bäckerei, in der man sich auch mit Kaffee versorgen kann. Hier radeln wir die **Kirchstraße** hinab, wo ein Pfad am **Edelhof** vorbei zum Kropsbach führt. Wir biegen nach rechts in die Straße **In den Forstgärten** und **Am Schlossgarten,** dann nach links, wo ein Weg Richtung Edenkoben über die Autobahn sowie über die Staatsstraße führt. Vorbei am Sportplatz geht es rechts die **Luitpoldstraße** hinauf zum Goldenen Eck mit dem **Lederstrumpfdenkmal 8.**

Die Fahrt können wir im **Eiscafé Engert,** in einer der Gaststätten rund um den Platz oder in der Weinstraße ausklingen lassen. Zum **Bahnhof Edenkoben** geht es zurück über die **Luitpold-**, dann rechts über die **Bismarck-** und links über die **Bahnhofstraße.**

*Das **Denkmal** von Gernot Rumpf erinnert an den 1764 ausgewanderten Trapper Johann A. Hartmann, der für James F. Coppers Romanfigur Lederstrumpf die Vorlage gewesen sein soll. Neben ihm sind der Mohikaner Chingachgook sowie der Maler Max Slevogt zu sehen.*

Neustadt an der Weinstraße
Diedesfeld
Maikammer
Lachen
Flugplatzstraße
K 8
Schlittgraben
Wooggraben
Speyerbach
L 530
Nellengraben
39
65
L 515
L 516
L 512
Kirrweiler (Pfalz)
L 542
Kropsbach
Duttweiler
K 22
Geinsheim
L 540
K 6
Gommersheim
Böbingen
Hauptstraße
Altdorf
Triefenbach
Venningen
Edenkoben
Modenbach
K 37
Mittleres Modenbachtal
Großfischlingen
Freimersheim
Kleinfischlingen
K 38
L 507
L 506
Edesheim
1
2
3
4
5
6
7
8

Alles auf einen Blick

WIE & WANN:
Flache Landschaft, meist auf Rad- und Wirtschaftswegen und kaum befahrenen Landstraßen; empfohlene Jahreszeit: März bis Oktober

HIN & WEG:
Auto: Parkplatz am Bahnhof, Staatsstraße 41, 67480 Edenkoben
(GPS: 49.281470, 8.140087)
ÖPNV: S- und Regionalbahnlinien bis Bahnhof Edenkoben

ESSEN & ENTSPANNEN:
Es gibt unterwegs wenige Einkehrmöglichkeiten, bitte an Verpflegung denken!
Weinessiggut Doktorenhof ❷ Raiffeisenstraße 5, 67482 Venningen, Tel. (0 63 23) 55 05, www.doktorenhof.de

Genuss ★★★★☆
Entspannung ★★★★★
Romantik ★★★★☆

Pfalznudel und Restaurant Nudelholz ❹ Hauptstraße 43–45, 67483 Großfischlingen, Tel. (0 63 23) 57 19, www.pfalznudel.de
Weingut Bergdolt-Reif und Nett ❺ Dudostraße 2, 67345 Duttweiler, Tel. (0 63 27) 28 03

ENTDECKEN & ERLEBEN:
Freilichtmuseum ❶ Venningen
Altes Rathaus ❸ Venningen
Lachener Kirche ❻
Biblischer Weinlehrpfad ❼ Kirrweiler
Lederstrumpfdenkmal ❽ Edenkoben

Japanischer Garten in Kaiserslautern

Meditative Mitte

Rund um Kaiserslautern

Die Radtour rund um Kaiserslautern, das in der Mitte der Pfalz liegt, beschert eine Vielzahl meditativer Momente. Dazu radeln wir durch das hügelige Umland der Stadt, entlang von Bächen, aber auch durch Wald und Heide mit leichten Steigungen.

Wir starten am **Hauptbahnhof Kaiserslautern** im Westen der Stadt. Der liegt genau unterhalb des heiligen Bergs der Pfälzer Fußball-Glückseligkeit, dem **Betzenberg,** der Heimat des 1. FC Kaiserslautern. Über die **Richard-Wagner-Straße,** an deren Ende wir rechts abbiegen, und die **Fruchthallenstraße** passieren wir den Stadtkern, den wir am Ende noch erkunden werden. Hinter dem riesigen Einkaufszentrum **K in Lautern** geht es links in die **Burgstraße.** Dort entdecken wir die Reste der **Kaiserpfalz ①,** also der Residenz, die der Stadt ihren Namen bescherte. Am Infopoint können wir das Rad abstellen und einiges über die Anlage aus dem Jahr 1158 sowie den 1580 erbauten Palast des Pfalzgrafen Johann Casimir erfahren. Von beidem gibt es nur noch Mauerreste, vor allem von der alten Burgkapelle, und einen beeindruckenden Stahlrahmen, der den Standort andeutet. Schautafeln, ein Bronzemodell und ein kleiner Info-Raum über den unterirdischen Gängen beleuchten die Baugeschichte. Von hier aus sieht man auch die **Fruchthalle** von 1843, die norditalienischen Palästen der Renaissance nach-

Im Japanischen Garten

empfunden ist. Der heutige Festsaal diente ursprünglich als Markthalle und wurde berühmt, als er in der Pfälzischen Revolution von 1848 die Regionalregierung beherbergte.

Rechts über die **Max-** und links über die **Lauterstraße** geht es zur Straße **Am Abendsberg,** wo der erste meditative Haltepunkt liegt, der **Japanische Garten ❷.**

*Wie in Asien stellt man im **Japanischen Garten** eine idealisierte Naturlandschaft als Kunstwerk mit harmonischer Kombination aus Steinen, Pflanzen und Wasser dar. Bezüge zur japanischen Religion, ein Teehaus und ein typisches rotes Tor sind vorhanden.*

Wir überqueren wieder die **Lauterstraße**, radeln auf der linken Straßenseite nach rechts weiter und passieren bald das Kulturzentrum **Kammgarn.** Dies ist im Gebäude einer ehemaligen Spinnerei untergebracht, erkennbar am 62 Meter hohen Schornstein aus rotem Backstein. Wer länger in Kaiserslautern weilt, sollte auf dessen Programm achten, denn seit 1988 lockt das Zentrum hervorragende Musiker oder Comedians an. Wer möchte, kann hier die Lauterstraße überqueren und das Gelände der ersten Rheinland-Pfälzischen **Landesgartenschau** besuchen.

Für die Seele

Im Herzen der Pfalz lassen wir uns von meditativen Orten unterschiedlicher Art sowie von der Ruhe ausstrahlenden Hügel- und Heidelandschaft verzaubern.

Wir radeln die Lauterstraße weiter, bis wir den Weg **Gallenhäuschen** erreichen, der uns Richtung Otterbach entlang der Lauter führt. Wir biegen links ab in die **Erzhüttenstraße,** dann rechts in die **Rütscherhofstraße**, wo wir uns an Tafeln über die **Lauterauen** und das Thema Auenlandschaft informieren können. Der Weg führt an der Bahnstrecke entlang bis zum **Bahnhof Otterbach,** hinter dem wir die Lauterstraße nach dem Kreisel überqueren. Dort geht es nun entlang des Otterbachs auf dem Radweg Richtung Osten. An einem naturnahen

Spielplatz können wir eine Pause einlegen und uns in der Ortsmitte von **Otterbach** an der Tourist-Information in der **Konrad-Adenauer-Straße** mit Infomaterial versorgen. Einen Abstecher können wir in ein kleines **Motorradmuseum** in der Otterstraße machen, das an wenigen Öffnungstagen auf seine Besucher wartet.

Weiter geht es über die **Hauptstraße,** die uns wieder zum Otterbach führt. Den überqueren wir und radeln auf dieser Seite des Bachs weiter. Die schöne Auenlandschaft bietet Ausblicke auf Weideflächen für Rinder und Pferde sowie schattige Rastplätze am Bach. Nach etwa 3 Kilometern erreichen wir die Stadt **Otterberg.** Über die **Otterstraße,** dann links über die **Bach-** und rechts über die **Hauptstraße** geht es vorbei am Otterberger Hof, am spätbarocken roten **Rathaus** sowie an der Tourist-Info. Im Zentrum des Ortes, rund um die ehrwürdige alte **Abteikirche Otterberg** ❸, befindet sich ein meditativer Platz der besonderen Art.

*Die **Abteikirche Otterberg** ist die zweitgrößte Kirche der Pfalz. Als Klosterkirche der Zisterzienser ab 1138 erbaut, wurde sie 1560 evangelisch und wird seit etwa 1700 auch von Katholiken genutzt. Sie gilt als die besterhaltene Klosterkirche der Region.*

Portal der Abteikirche Otterberg

Es gibt Infotafeln zur Abteikirche und zum Ort und wir finden hier Versorgungsstationen für jede Gaumenfreude – beispielsweise das **Gasthaus Zur Krone** ❹, einen Metzger, einen Bäcker, ein Eiscafé sowie einen Obst- und Gemüsemarkt. Die **Wallonenstraße** neben der Kirche und ein **Gedenkstein** auf dem Platz davor erinnern an protestantische Glaubensflüchtlinge. Diese kamen im 16. und 17. Jahrhundert in mehreren Wellen aus Frankreich hierher und wurden von den kurpfälzischen Landesherren in der Region rund um Otterbach angesiedelt.

Weiter radeln wir rechts an der Kirche vorbei über die **Gerber-** und die **Mühlstraße,** links in die **Lauterer Straße** und biegen dann scharf rechts ab in die **Althütter Straße,** die uns auf einer etwas holperigen Straße aus dem Ort Richtung **Althütterhof** führt. Das war einst einer der Aussiedlerhöfe für die französischen Flüchtlinge. Um 1666 hatte eine der Familien hier eine Glashütte errichtet, woran eine großflächige Inschrift an einem Haus erinnert. Es geht weiter Richtung

Mehlinger Flammkuchenhütte

*Der **Pfälzer Dampfnudelhof** ist Kult. Hier gibt es die beliebte Mehlspeise auf einer Seite oder doppelt gebacken, mit Vanille- oder mit Weinsauce sowie mit einer leckeren Kartoffelsuppe. Die Secco-Bar verleiht dem Anwesen einen mediterranen Charme.*

Weinbrunnerhof. Wir passieren kleine Weiher, die romantisch im Wald liegen. Nun haben wir freien Blick auf eine herrliche Wiesenlandschaft, auf der ab dem Frühjahr Pferde grasen. Im Weinbrunnerhof liegt ein zweiter meditativer Ort, nämlich der **europäische Shaolin-Tempel.** Vor allem an Wochenenden kann man hier Schülerinnen und Schüler der fernöstlichen Meditations- und Kampfkunst auf dem Freigelände bei Übungen beobachten.

Wir radeln am Tempel vorbei die kleine Straße bergauf durch den Wald, bis wir eine hochgelegene, landwirtschaftlich genutzte Ebene erreichen. Die kleine Straße mündet in der Landstraße Richtung Mehlingen-Baalborn. Wir rollen nach **Baalborn** hinab und gönnen uns am sehenswerten **Brunnen** neben der Bushaltestelle eine Pause. Über der Straße erinnert ein riesiger **Mühlstein** mit einem Holzbügel für Zugtiere daran, dass hier Öl und andere Produkte hergestellt wurden. Gleich um die Ecke in der **Kehrstraße** liegt auch das **Pfälzische Parfümmuseum,** das allerdings nur selten oder auf Nachfrage öffnet. Über die **Otterberger Straße** geht es weiter Richtung **Mehlinger Heide.** Dazu radeln wir vor der Autobahnüberquerung auf einem Weg parallel zur **A 63** bis zu einer **Autobahnbrücke,** die nach Mehlingen führt. Diese überqueren wir zunächst, denn dort befindet sich an einem Besucherparkplatz eine Überblickskarte über die Heide. Wer eine kulinarische Pause einlegen möchte, findet in der angrenzenden Straße **An der Heide** die **Flammkuchenhütte** oder den legendären **Pfälzer Dampfnudelhof ❺.**

Gestärkt radeln wir anschließend zurück über die Autobahnbrücke und passieren einen alten **jüdischen Friedhof,** der mystisch unter Bäumen liegt. Hier können wir durch den Zaun Grabsteine mit hebräischen Schriftzeichen und Symbolen entdecken. Darunter ist auch das Spock-Handzeichen aus der Fernsehserie „Raumschiff Enterprise“, das auf dem Grab eines jüdischen Priesters zu finden ist, denn es ist

*Nach der Lüneburger ist die **Mehlinger Heide** mit rund 410 Hektar das zweitgrößte Heidegebiet Deutschlands. Lange als Truppenübungsplatz genutzt, wurde sie 2000 zum Naturschutzgebiet erklärt. Tafeln erläutern Vegetation und Fauna der Heidelandschaft.*

Mehlinger Heide

Kaiserbrunnen in Kaiserslautern

das jüdische Symbol für Segen. Nach dem Friedhof geht es auf einen Fußweg in die **Mehlinger Heide** ⑥, ein ausgewiesenes Naturschutzgebiet. Besonders im September, wenn die Heidebüsche blühen, lohnt der Besuch der Heidelandschaft. Dort schieben wir unser Rad.

Wer möchte, kann jenseits der Autobahn ein weiteres Teilstück der Heide erkunden. Wir aber überqueren erst am Ende des Heideweges wieder die Autobahn, wo es rechts Richtung Kaiserslautern weitergeht. Im Kapiteltal passieren wir kleine Weiher sowie das **Natursandsteinwerk** am Ortseingang von **Eselsfürth,** das den roten Pfälzer Sandstein verarbeitet. Hier können wir einen Abstecher in den Ort zum **Barbarossahof** machen und uns stärken.

Weiter geht es auf dem Radweg durch ein Tal mit Feuchtwiesen, das der Eselsbach geformt hat. Wenn wir zweimal die Autobahn unterquert haben, erreichen wir das Stadtgebiet von **Kaiserslautern.** Über den **Gersweilerweg** rollen wir hinab, überqueren die **Ludwigsstraße** und legen hier an dem Platz einen Halt beim 12 Meter breiten und laut plätschernden **Kaiserbrunnen** ⑦ ein. Die von Gernot Rumpf stammende Anlage aus Bronze und Sandstein bietet viele Entdeckungen und erinnert seit 1987 auf humorvolle Weise an die Geschichte der Stadt unter Kaiser Friedrich I. Barbarossa sowie unter König Rudolf von Habsburg. Wir entdecken das Stadtsiegel, den Fisch als Kaiserslauterer Wappentier, die Fabelwesen Elwetritsche, eine

Rüstung der einst am Rittersberg ansässigen Ritter, eine Pfaff-Nähmaschine und einen Opel-Motor für die hiesige Industrie, das Symbol der Technischen Universität sowie einen Hinweis auf die Roten Teufel, den 1. FC Kaiserslautern.

Über die **Steinstraße** kommen wir zum **Theodor-Zink-Museum,** das die Stadtgeschichte präsentiert. Am Ende der Steinstraße überqueren wir die Spittelstraße und gehen mit dem Rad durch die Fußgängerzone zum größten Meditationsort der Stadt, der **Stiftskirche Kaiserslautern 8.**

*Die **Stiftskirche Kaiserslautern** gilt als bedeutende spätgotische Hallenkirche. Der Chorraum wurde 1291 fertiggestellt, das Langhaus um 1350. Ursprünglich gehörte sie zu einem Prämonstratenserkloster, doch seit 1565 ist sie evangelische Hauptkirche.*

Vor der Kirche auf der **Marktstraße** liegt ein Brunnen, der 1571 erstmals erwähnt wurde. Hier auf dem Platz vor der Stiftskirche schlossen sich 1818 Lutheraner und Reformierte zu einer vereinigten evangelischen Kirche zusammen, woran in der Eingangshalle der Kirche ein Marmordenkmal mit den Namen der Reformatoren erinnert.

Rund um die Stiftskirche gibt es alles, um die Radtour auch kulinarisch ausklingen zu lassen. Es gibt ein **Eiscafé** sowie am Stiftsplatz das **Brauhaus am Markt.** Ein besonderer Ort ist das historische **Spinnrädl 9** in der angrenzenden Schillerstraße, das allerdings erst 17 Uhr öffnet. Das 1742 erstmals erwähnte Gasthaus liegt in einem der ältesten Fachwerkhäuser der Stadt. Zum **Hauptbahnhof Kaiserslautern** kommen wir, wenn wir die Marktstraße ein wenig weitergehen und links über die **Eisenbahn-** und an deren Ende rechts über die **Bahnhofstraße** radeln.

Spinnrädl in Kaiserslautern

Otterberg
Baalborn
Mehlingen
Sambach
Lettenberg
Lauter
Otterbach
L 389
Otterbach
L 387
L 382
Althütterhof
K 37
Weinbrunnerhof
Mehlinger Heide
L 401
Fröhnerhof
Erfenbach
Erlenbach
Budel
Kleiner Hundskopf
Großer Hundskopf
Morlautern
K 9
Wiesenthalerhof
Rütschhofstraße
Eselsbach
L 395
Vorderer Rotenberg
L 387
Erzhütten
Eselsfürth
Langenberg
Kaiserberg
Vogelhammerkopf
Gersweilerweg
Mainzer Straße
Grübentälchen
Quaitersberg
Lauterstraße
Fischerrück
L 395
Kaiserslautern
L 504
Rummelberg
Hüttenkopf
Lämmchesberg
Betzenberg
63
6
270
37

Alles auf einen Blick

WIE & WANN:
Hügelige Landschaft, meist Radwege und wenig befahrene Landstraßen; empfohlene Jahreszeit: Mai bis Oktober, besonders schön zur Heideblüte im September

HIN & WEG:
Auto: Parkplatz Hauptbahnhof, Zollamtsstraße 6, 67663 Kaiserslautern (GPS: 49.435952, 7.771064)
ÖPNV: S- und Regionalbahnlinien bis Hauptbahnhof Kaiserslautern

ESSEN & ENTSPANNEN:
Es gibt unterwegs wenige Einkehrmöglichkeiten, bitte an Verpflegung denken!
Zur Krone ❹ Hauptstraße 68, 67697 Otterberg, Tel. (0 63 01) 3 89 35 31
Pfälzer Dampfnudelhof ❺ An der Heide 15, 67678 Mehlingen, Tel. (01 51) 40 40 08 23, www.pfaelzer-dampfnudelhof.de

Genuss ★★★★☆
Entspannung ★★★★★
Romantik ★★★★☆

Restaurant Spinnrädl ❾ Schillerstraße 1, 67655 Kaiserslautern, Tel. (06 31) 6 05 11, spinnraedl.de

ENTDECKEN & ERLEBEN:
Kaiserpfalz ❶ Kaiserslautern
Japanischer Garten ❷ Am Abendsberg 1, Kaiserslautern
Abteikirche Otterberg ❸
Mehlinger Heide ❻
Kaiserbrunnen ❼ Kaiserslautern
Stiftskirche Kaiserslautern ❽

Rhein und Altrhein bei Waldsee

- 53,6 Kilometer
- 115 Höhenmeter
- 4 Stunden
- Strecke

Wasserliebhaber kommen auf dieser Tour voll auf ihre Kosten. Wir radeln von Ludwigshafen nach Germersheim, meist am Rhein, an Altrhein-Armen oder an Seen entlang. An heißen Sommertagen sollte daher das Badezeug nicht vergessen werden, denn Bademöglichkeiten gibt es an vielen Orten. Die flache Strecke verläuft zumeist auf dem Rheinhauptdamm, durch romantische Fischerdörfer und das historische Speyer mit seinem Dom.

Wir starten am **Bahnhof Ludwigshafen Mitte,** Ausgang **Berliner Platz,** wo auch die Tourist-Information über die Region Auskunft gibt. Zunächst drehen wir eine kleine Runde durch die Stadt, links über die Wredestraße, dann rechts zur Berliner Straße – dort bestaunen wir die fröhlich bunte **Miró-Wand** **1**.

*Die 1979 entstandene einzigartige **Miró-Wand** an der Südseite des Wilhelm-Hack-Kunstmuseums ist 55 Meter breit und besteht aus 7200 Keramikfliesen. Gestaltet hat die skurrilen Fantasiewesen der bedeutende katalanische Künstler Joan Miró nahe Barcelona.*

Wir radeln rechts in die **Lutherstraße** und landen am **Lutherplatz.** Dieser Entspannungsort zeigt, wie anstelle eines im Krieg zerbombten Kirchenraums eine Oase mitten in der umtriebigen Stadt entstehen kann. Der verbliebene Kirchturm wurde samt Außenbereich unter einer Pergola in ein Restaurant umgewandelt. Der erfrischend plätschernde **Brunnen** von Gernot Rumpf beruhigt und erinnert gleichzeitig detailreich an Martin Luther und seine Frau Katharina von Bora. Über die Amtsstraße biegen wir rechts in die Bismarck-, dann links in die **Kaiser-Wilhelm-Straße** und radeln ans **Rheinufer,** von dem aus wir über den Fluss auf Mannheim blicken. Neben Lagerhäusern und einer Pegeluhr sehen wir das Barockschloss und die Jesuitenkirche.

Rheinvergnügen

Am Rhein entlang

Miró-Wand in Ludwigshafen

Vor dem Einkaufszentrum **Rheingalerie** informiert eine Tafel über den Rheinradweg. Dann machen wir uns auf den Weg entlang der **Rheinschanzenpromenade,** vorbei am Ostasieninstitut und einer modernen Wohnanlage, wo sich Kommissarin Lena Odenthal im Ludwigshafener Tatort regelmäßig auf einem Balkon entspannt. Bei der Mündung des Hafenbeckens radeln wir links über die Schneckennudelbrücke auf die **Parkinsel,** das beliebte Naherholungsgebiet der Ludwigshafener. Es geht auf der **Hannelore-Kohl-Promenade** aussichtsreich den Rhein entlang, mit Blick auf einen Kiesel-Badestrand und die gegenüberliegende naturbelassene Reißinsel. Sehenswert ist am Ende des Uferweges die **historische Pegeluhr,** die den Stand des Rheinwassers für die Schiffe zeigt.

Historische Pegeluhr

Weiter geht es links über den Radweg entlang der **Lagerhausstraße** und des **Kaiserwörthdamms,** vorbei an

Blick von Ludwigshafen auf Mannheim

Industrieanlagen und riesigen Öllagertanks. Wir bleiben auf dieser Straßenseite und radeln nach der Bahnhaltestelle Giulini auf den ausgewiesenen **Rhein-Radweg** Richtung Speyer, der bei einer Infotafel links abbiegt und **Rheingönnheim** beim Wertstoffhof umrundet. Wir erreichen die Straße **Hoher Weg.** Hier geht es nach links, vorbei an der Gaststätte Münchner Häus'l, bis wir am **Kiefweiher** mit seinen Sport- und Segelbooten landen. Auf dem Radweg entlang der Großwiesenstraße passieren wir Campingplätze und biegen hinter dem Club Nautico rechts in die **Adriastraße** ein. Hier bieten die Pizzeria Seeblick oder das Haus zum Zander die Mög-

Für die Seele

Entlang des beruhigend dahinfließenden Stroms radeln, vorbei am Dom zu Speyer, an Rheinauen und Badeseen, und dabei Schiffen zuschauen.

Blaue Adria

lichkeit, eine Pause zu machen und den Blick auf einen Altrheinarm zu genießen. Der liegt als See in einer alten Schleife gefangen, seit im 19. Jahrhundert Johann Gottfried Tulla den Rhein begradigt hat.

Wir radeln auf die Straße **An der Rennbahn** und informieren uns an einer Tafel über das Naherholungsgebiet **Blaue Adria ❷.** Dies besteht aus mehreren Gewässern: einem Altrheinarm und kleinen Seen, von denen einer Blaue Adria genannt wird. Neben dem Hotel und Restaurant Darstein bieten ein Campingplatz und ein Strandbad mit FKK-Bereich Erholung pur. Wer hier nicht baden oder pausieren möchte, fährt gleich **An der Rennbahn** weiter und passiert den **Motorsportclub Altrip** mit seiner Sandbahn für Motorradrennen. Wir biegen hier rechts ab und radeln parallel zur Landstraße rund 4 Kilometer bis zu einem Waldsee, überqueren die Straße und erreichen über die **Rheinauenstraße** den Rhein. Von nun an radeln wir auf dem **Rheinhauptdamm** weiter.

Ein erster Höhepunkt ist der kleine **Hafen der Segelgemeinschaft Waldsee.** Ein Weg führt hier zu einem romantischen Picknickplatz am Rhein, mit herrlichem

Blick auf den Fluss sowie auf den Otterstädter Altrhein. Zurück auf dem Radweg liegt nur wenige Meter weiter auf der rechten Seite das erfrischende Badeparadies **Marxweiher** ③.

Kurz hinter dem Weiher liegt auf Dammhöhe das Restaurant **Zur Altrheinklause** ④. Beim herrlichen Blick auf den Otterstädter Altrhein können wir essen, trinken und entspannen. Darunter befindet sich am Altrhein ein Badestrand mit Blick auf Inseln und allerlei Wasservögel.

Nun radeln wir rund 5 Kilometer weiter über den Rheindamm Richtung Otterstadt. Wir sollten immer wieder einmal anhalten und über den Damm schauen, wo nach einem Hochwasser lange das Wasser mystisch zwischen Bäumen steht. Links führen ab und an auch kleine Wege zum Altrhein, wo romantische Ansichten auf das Natur- und Vogelparadies mit Nachen, wie die flachen Boote genannt werden, auf uns warten. Natürlich können wir hier auch unsere Füße im Wasser erfrischen.

*Der **Marxweiher** bietet klares Wasser, einen Kiesstrand und rundherum mehrere Einkehrmöglichkeiten wie das Restaurant Rheinblick. Der Weiher und der angrenzende Waldsee sind ein Naherholungsgebiet, das durch Kiesgrabungen entstand.*

Marxweiher

Ottertritsch

Wir passieren das Deichwachhaus von **Otterstadt** und radeln über die Speyerer- und die Schulstraße zum **Königsplatz.** Am **Stickelspritzer-Brunnen** 5 des Künstlers Günther Zeuner entdecken wir lustige Motive aus dem einstigen Fischerdorf Otterstadt, die auf einer Bronzetafel am Brunnenrand erläutert werden. Über die Kirchenstraße geht es links in die Lindenstraße, wo wir uns im Ottermarkt versorgen oder einen Kaffee trinken können. Attraktion ist hier der **Ottertritsche-Brunnen** von Gernot Rumpf, wie die Pfälzer Fabelwesen Elwetrische hier heißen.

Nun fahren wir über die **Kapellen-** zur **Speyerer Straße,** in die wir nach links biegen, weiter über die Fahrlache zum Rheinradweg. Der führt zwischen mehreren Seen und dem Altrhein entlang und unter-

Stickelspritzer-Brunnen in Otterstadt

Speyerer Dom

quert die Autobahn. Am Hockey-Club erreichen wir den Rhein. Dem entlang radeln wir rund 3 Kilometer zum **Pegel Speyer.** Wir folgen dem Radweg entlang des alten Hafens und erreichen das **Sea Live Speyer,** das Einblicke in das Leben von Wasserbewohnern in Flüssen und Seen bietet. Weiter geht es über die Straße Im Hafenbecken und eine Brücke an der Mündung des Speyerbachs zum **Helmut-Kohl-Ufer.** Dort ragt eine Spitze in den Rhein, wo wir auf Bänken rund um einen Flaggenmast entspannt den vorbeiziehenden Schiffen zusehen. Wer hier etwas zu sich nehmen will, fährt ein paar Meter den **Leinpfad** weiter und kann im Biergarten des Gasthauses **Alter Hammer** 6 einkehren. Gleich daneben befindet sich das **Museum am Brückenhaus,** das einen Einblick in die Rheinschifffahrt gibt. Über die Rheinallee erreichen wir den Domgarten, den wir durchqueren und auf den **Dom zu Speyer** 7 zusteuern.

Das 1061 geweihte Weltkulturerbe ***Dom zu Speyer*** *ist das größte romanische Gotteshaus weltweit. Nach Zerstörungen vor 200 Jahren wieder aufgebaut, beeindrucken seine klaren Formen. Mit elf Kaisergräbern ist er die wichtigste Grabstätte deutscher Monarchen.*

Mechtersheimer Dammwärterhäuschen

Der steinerne Domnapf vor dem Dom diente lange als Gefäß für den Weinzehnt, die Abgabe also, die die Untertanen des Fürstbischofs abliefern mussten. Er war aber auch eine Grenze, denn der Bischof durfte nach dem Willen der Speyerer Bürger die Stadt seit dem 15. Jahrhundert nicht betreten, sondern nur im Dom die Messe halten. Seine Residenz war über dem Rhein bei Philippsburg. Im **Historischen Museum der Pfalz** am Domplatz erfährt man mehr über die bewegende Geschichte des Doms und der Pfalz.

Wir radeln am Domplatz in die **Große Himmelsgasse** und können im Garten der **Hausbrauerei Domhof** eine Rast unter Bäumen einlegen. Auf dem Gelände tagten früher Reichstage und hier erhielten 1529 die Protestanten ihren Namen. Daneben liegt die wunderschöne lutherische **Dreifaltigkeitskirche.** Wir überqueren den kleinen Platz gegenüber, kreuzen an der Figur des Jakobspilgers die Maximilianstraße und nehmen geradeaus den Verbindungsweg zur **Kleinen**

Pfaffengasse. Dort liegt das **Museum SchPira** mit alter Synagoge und dem jüdischen Bad, das einen beeindruckenden Einblick in das jüdische Leben im Mittelalter gibt.

Zweimal rechts, über die Kleine Pfaffen- und die Flachgasse, geht es wieder zur **Maximilianstraße,** wo wir links zum Stadtmauerturm **Altpörtel** weiterradeln. Auf dieser Prunkmeile Speyers gibt es viele Restaurants und Cafés. Das Altpörtel beherbergt das Stadtmuseum und bietet von oben einen herrlichen Ausblick auf die Stadt. Dahinter geht es weiter über die Karmeliterstraße rechts in die Ludwigstraße und die Schraudolphstraße am **Feuerbachpark** entlang. Wir folgen rechts der **Diakonissenstraße,** die in den Closweg übergeht, zur Kardinal-Wendel-Straße. Bei der Straße **In der Haingereut** biegen wir ab und lassen Speyer hinter uns. Nach rund einem Kilometer kommen wir auf den Rheinradweg, der hier entlang eines Altrheinarms

Am Rheindamm bei Mechtersheim

Lingenfelder Altrhein

Das **Naherholungsgebiet Mechtersheim** liegt zwischen dem Großen und Kleinen Weiher. Der gepflegte Kiesstrand bietet Badespaß und Erholung. An der SunSeeBar können wir unter Palmen ein Getränk zu uns nehmen und entspannt das Treiben am Wasser beobachten.

durch Feuchtwiesen und Ackerlandschaften mit Vögeln und grasenden Schafen führt. Wir passieren zwei **Mechtersheimer Deichwachhäuser** sowie Schleusen, die bei Hochwasser am Rhein den nahen Ortschaften Schutz bieten. Nach wenigen Kilometern erreichen wir das Hinweisschild **SunSeeBar** 8, das uns auf einen Weg durch ein kleines Waldstück zum **Naherholungsgebiet Mechtersheim** 9 führt.

Es geht zurück zum Rheindamm, wo wir den nun rechts liegenden Großen Weiher mit seiner Campinganlage passieren. Auf den nächsten Kilometern liegt links der **Lingenfelder Altrhein,** der an wenigen Stellen einen Zugang bietet. Auf geführten Touren kann man hier echtes Rheingold schürfen, eine Nachenfahrt machen und die Vogelpopulation studieren. Wir folgen dem Rheinradweg weiter, der an **Lingenfeld** vorbeiführt. Am Ende des Ortes können wir ein letztes Mal zum Altrhein radeln, bevor wir das Industriegebiet von **Germersheim** in der **Hafenstraße** erreichen. Über die Rheinbrückenstraße geht es links zur **Bahnhofstraße.** Wir sehen eine Grünfläche mit einem riesigen

Steindenkmal sowie Gebäude der ehemaligen **Festung Germersheim.** Sehenswert ist hier das **Ludwigstor** mit dem Festungsmuseum. Etwas weiter die Bahnhofstraße entlang liegt ebenfalls in einem ehemaligen Festungsgebäude das **Deutsche Straßenmuseum ⑩.**

Wir radeln die **Zeughaus-** und die **Rudolf-von-Habsburg-Straße** weiter zum Kreisel. Wer sich für die Festung interessiert, kann ein paar Hundert Meter die August-Keiler-Straße zur **Fronte Lamotte** und dem Weißenburger Tor weiterradeln, wo auch ein Festungsmodell im Freien ausgestellt ist. Wir radeln über den Kreisel in die Straße **Am Unkenfunk** und die Werftstraße wieder zum Rhein. Am schön gestalteten Ufer mit Infotafeln und dem **Rheinbalkon** oder in der **Gaststätte Rhenania ⑪** mit Blick auf den Fluss können wir den Tag ausklingen lassen. Der **Bahnhof Germersheim** liegt wenige Hundert Meter zurück Am Unkenfunk, wo wir mit der S-Bahn nach Ludwigshafen kommen.

*Das **Deutsche Straßenmuseum** im ehemaligen Zeughaus der Festung präsentiert die Entwicklung des Wege-, Straßen-, Brücken- und Tunnelbaus von der Antike bis heute. Neben ausgestellten Meilensteinen, Werkzeugen und Maschinen gibt es Mitmachstationen.*

Deutsches Straßenmuseum in Germersheim

Mannheim
Ludwigshafen am Rhein
Reiß-insel
Rhein
Rhein-gönheim
Altrip
Mutterstadt
Limburgerhof
Neuhofen
Neuhofener Altrhein
Backofen-Riedwiesen
Schwetzinger Wiesen – Riedwiesen
Waldsee
Otter-städter Altrhein
Böllen-wörth
Schifferstadt
Ketscher Rheininsel
Otterstadt
Angelhofer Altrhein
Speyerer Wald
Speyer
Hockenheimer Rheinbogen
Hockenheim
Römerberg
Berghäuser Altrhein
Flotzgrün
Mechtersheim
Waghäusel
Lingenfeld
Rheinsheim
Philippsburg
Germersheim
L 524
L 534
L 532
L 533
L 535
L 454
L 528
L 507
L 538
L 539

Alles auf einen Blick

WIE & WANN:
Flache Strecke, meist auf dem ausgebauten Rheinradweg am Hauptdamm; empfohlene Jahreszeit: März bis November

HIN & WEG:
Auto: Parkplatz Walzmühle, Yorkstraße, 67061 Ludwigshafen (GPS: 49.478449, 8.454964)
ÖPNV: S-Bahn bis Bahnhof Ludwigshafen Mitte; zurück mit der S-Bahn ab Bahnhof Germersheim

ESSEN & ENTSPANNEN:
Zur Altrheinklause ❹ Altrheinstraße 1, 67165 Waldsee, Tel. (0 62 36) 5 26 36, www.altrheinklause.de
Alter Hammer Speyer ❻ Leinpfad 1c, 67346 Speyer, Tel. (0 62 32) 7 55 39, alter-hammer.de
SunSeebar ❽ Badesee, 67354 Römerberg-Mechtersheim, www.sunseebar.de
Gaststätte Rhenania ⓫ Werftstraße 1, 76726 Germersheim, Tel. (0 72 74) 25 22, rhenania-germersheim.de

ENTDECKEN & ERLEBEN:
Miró-Wand ❶ Ludwigshafen
Blaue Adria ❷ bei Altrip
Marxweiher ❸ bei Waldsee
Stickelspritzer-Brunnen ❺ Otterstadt
Dom zu Speyer ❼
Naherholungsgebiet Mechtersheim ❾
Deutsches Straßenmuseum ❿ Zeughausstraße, Germersheim, Tel. (0 72 74) 50 05 00, www.das-deutsche-strassenmuseum.de

Genuss ★★★★☆
Entspannung ★★★★★
Romantik ★★★★★

Teufelstisch bei Hinterweidenthal

- 38,6 Kilometer
- 445 Höhenmeter
- 3 Stunden
- Strecke

Die auf weiten Strecken einfache Tour führt meist entlang des Flusses Queich von der Pfälzer Wein- in die Waldregion mit ihren typischen roten Sandsteinfelsen, die einst Klippen eines urzeitlichen Meeres waren. Neben der belebenden Natur begegnen wir den traditionsreichen Städten Landau und Annweiler sowie einigen charmanten Waldgemeinden.

Wir starten am **Hauptbahnhof von Landau.** Es geht zunächst über die **Linien-** rechts in die **Ludovicistraße,** dann nach links in die **Ostbahnstraße,** wo uns am **Schwanenweiher** erstmals die Queich begegnet. Am Park erklärt eine Tafel die militärische Nutzung des Flusses in französischer Zeit, denn die alte deutsche Reichsstadt Landau war rund 200 Jahre Grenzstadt auf französischer Seite. Heute ist sie die größte Stadt an der Deutschen Weinstraße und Zentrum der Südpfalz.

Rechts geht es über die **Reduit-,** links über die **Industrie-** zur **Weißquartierstraße,** an der wir absteigen und unser Rad schiebend den Fußweg durch den ruhespendenden Kreuzgang des **Augustiner-Klosters** entlangspazieren, wo wir uns vom Wasserspiel eines ehemaligen Taufbeckens faszinieren lassen. Wir biegen rechts in die **Königs-,** darauf links in die **Theaterstraße** und folgen der Kronstraße zum **Rathausplatz 1.**

Der mit Zierkirschen bepflanzte ***Rathausplatz*** *diente früher Paraden, woran das Reiterstandbild vor dem Rathaus erinnert. Das war einst die Festungskommandantur. Vor dem mittelalterlichen Alten Kaufhaus mit spätgotischem Giebel können wir uns stärken.*

Hier auf dem Platz gibt es dienstags und samstags den **größten Wochenmarkt** an der Deutschen Weinstraße mit vielen Leckereien aus der Region. Über die **Marktstraße** nach links passieren wir das Wahrzeichen der Stadt, die **Landauer Stiftskirche,** und biegen beim

Felsenreich

Landau bis zum Teufelstisch

modernen Lutherdenkmal rechts in die **Nußbaumgasse** ab. In der Waffenstraße schauen wir uns die alten **Schleusenanlagen** der Queich an, radeln ein wenig zurück bis zur Westbahnstraße, wo wir rechts abbiegen. Über die Straße **An 44** und die Jahnstraße geht es auf den **Priesnitzweg,** auf dem wir uns rechts halten. Hier verlassen wir die Stadtstraßen und radeln über den Spitalmühlweg und **Am Lohgraben** links durch ein wasserreiches Naherholungsgebiet mit Freibad.

Bis **Godramstein** führt der Weg baumbehütet an der Queich entlang durch eine Auenlandschaft mit urigzottigen Schottischen Hochlandrindern. Unterhalb von Godramstein verlassen wir den Queich-Weg und radeln rechts in die **Bahnhofs-** und links in die **Godramsteiner Hauptstraße.** Ein Wirtschaftsweg rechts der **Bismarckstraße** führt uns nach **Siebeldingen.** Ein welliges Bergpanorama liegt vor uns. In Siebeldingen radeln wir über die Bengertstraße und die Pfarrgasse zur mittelalterlichen **Kirche Sankt Quirinius.** Dort geht es geradeaus eine der wenigen Steigungen die Wein- und

Rathausplatz in Landau

Geilweilerhof bei Siebeldingen

links die Dagobertstraße hinauf zum **Geilweilerhof ②,** der als Bundesforschungsanstalt Julius Kühn-Institut ein Mekka der Rebenzüchtung ist. Vor allem während der Obst- und Mandelblüte lohnt es, sich den Weinlehrpfad rund um den Hof genauer anzuschauen. Im Hof selbst kann der neu entwickelte Rebensaft auch verkostet werden.

Zurück zur Gabelung geht es Richtung Westen durch die Weinberge nach **Albersweiler,** immer dem beeindruckenden Panorama des Queichtals entgegen. Über den **Breitenweg** und die **Queichstraße** radeln wir rechts in die **Wein-,** darauf in die **Hauptstraße** und erreichen den Gasthof **Zur Wappenschmiede** mit seinem

Für die Seele

Es geht ab Landau entlang der erfrischenden Queich ins Tal der Felsen durch den Pfälzerwald, mit Ausblick auf den Trifels und den Teufelstisch.

Queichhambach:
Wirtshaus im Fronhof

idyllischen Blick auf das Fließgewässer. Kurz davor überqueren wir die Queich und radeln über **Am Bahnhof** und die **Queichtalstraße** an storchenreichen Wiesen und einigen Picknickmöglichkeiten vorbei nach **Queichhambach** zum **Wirtshaus im Fronhof** ③.

Über die Landauer Straße geht es nach **Annweiler,** einst die kleinste aller deutschen Reichsstädte. Eines ihrer touristischen Highlights erradeln wir nicht, sehen es aber gleich hinter Queichhambach. Da taucht links das berühmte Panorama der **Reichsfestung Trifels** auf. Dort oben liegt eine erst im 20. Jahrhundert wiederaufgebaute und dennoch sehenswerte Burg, in der über Jahrhunderte die deutschen Herrschaftssymbole aufbewahrt wurden. Als Kopie können heute noch die Reichsinsignien Krone, Zepter, Reichsapfel und Schwert bestaunt werden. Über die **Friedrich-Ebert-** und **Hohenstaufenstraße** erreichen wir den **Meßplatz,** wo wir eine Pause einlegen. Hier versorgen wir uns im Büro

*Das **Wirtshaus im Fronhof** aus dem 11. Jahrhundert erinnert an den mittelalterlichen Dienst für einen Herrn, Fron genannt. Man ist hier auf Radreisende eingestellt. Neben Getränken und zünftigen Mahlzeiten wird hier ab und an auch ein Rittermahl angeboten.*

für Tourismus mit Infomaterial über die Region und das Queichtal. Unsere Füße können wir hier in der Queich erfrischen und uns in **Eschers Eiswerk** 4 eine Leckerei gönnen. Nebenan liegt eine der sehenswertesten Ecken der alten Reichsstadt, der **Schipkapass** 5.

Gleich hinter dem Pass liegt das **Museum unterm Trifels**, das sehenswerte Ausstellungen zur Geschichte Annweilers, des hier ausgeübten Gerberhandwerks und zur Burg Trifels bietet. Besonders lohnt es sich, Annweiler während des Richard-Löwenherz-Festes im Sommer oder des Keschde-Fests im Herbst zu besuchen. Ersteres erinnert an den englischen König, der angeblich um 1194 oben auf der Festung Trifels gefangen gehalten wurde. Die Keschde, also die Esskastanien, wachsen in den Wäldern rund um Annweiler und werden zu allerlei ess- oder trinkbaren Köstlichkeiten verarbeitet. An der fotogen offen durch Annweiler fließenden Queich geht es die **Wasser-** und **Gerbergasse** entlang, in denen auf Infotafeln an das alte Ledermacherhandwerk erinnert wird.

*Der enge **Schipkapass** ist ein Durchgang mit einem rhythmisch ins Nass schlagenden Wasserrad und alten Stadtmauerresten. Mit ihm beginnt eine romantische Wassergasse. Spekuliert wird, ob der Name an den bulgarischen Gebirgspass oder an Schiebkarren erinnert.*

Wasserrad am Schipkapass in Annweiler

Vor der **Gaststätte Zum Wasserrad** radeln wir rechts über An den Bächen und Am Schwimmbad die Queich entlang, bis wir rechts hinter dem Freibad auf die **Zweibrücker Straße** stoßen. Der folgen wir durch den Ortsteil Sarnstall und fahren auf dem Radweg weiter bis zum **Bahnhof Rinnthal.** Dort biegen wir rechts ab und radeln über die Hauptstraße nach links zur ungewöhnlichen **evangelischen Kirche** 6 Rinnthals. Der für den Ort überdimensionierte klassizistische weiße Bau ist einmalig in der Pfalz und wohl durch den Fehler einer bayerischen Behörde hier errichtet worden.

Auf der Hauptstraße geht es weiter, bis wir am Ende von Rinnthal links über den Radweg die Bundesstraße unterqueren. Nun folgt ein wunderschöner Teilabschnitt der Strecke, mit ausgedehnten Wiesen im Queichtal, auf denen sich Rinder und Pferde tummeln. Ruhebänke laden hier mit Blick auf die riesige Kirche in Wilgartswiesen am Horizont zum Innehalten ein. Wir passieren auf Höhe eines kleinen Weihers

Die Queich in Annweiler

Queichtal bei Wilgartswiesen

den **Ritterstein Nr. 49,** der auf die über uns liegende Wilgadaburg hinweist. Diese Steine werden vom Pfälzerwaldverein seit über 100 Jahren angelegt, um Sehenswertes zu markieren.

In **Wilgartswiesen** geht es über die Austraße, die Queich und die Hauptstraße zum **Rathaus,** von wo aus wir auf der Schulstraße und dem folgenden Radweg links der Queich weiterradeln. Über uns liegt auf der rechten Seite in beeindruckender Nähe einer der vielen typischen roten **Sandsteinfelsen,** die aus dem Wald hervorragen. Der gepresste Sand eines Urzeitmeeres ist nicht nur Basis für Burgen, sondern bietet ein Paradies für Kletterer und Lebensraum für Raubvögel. Damit sich beide nicht in die Quere kommen, überwachen Förster und viele Ehrenamtliche das Treiben an den Felsen. Bevor wir der Queich links Richtung Hauenstein folgen, blicken wir, wenn wir die Straße **Falkenburgermühle** erreichen, nach rechts zur Falkenburg. Wir folgen dem Radweg an der **Landauer Straße** in die Schuhmetropole **Hauenstein,** wo wir über den Hinterweg nach links in die Hauptstraße, dann über die

Wieslauter in Hinterweidenthal

*Das 2022 renovierte **Deutsche Schuhmuseum** erinnert an die Zeit, als die Region das Zentrum der deutschen Schuhindustrie war. Präsentiert werden historische Fußkleider, Schuhe von Promis sowie Superlative wie das größte Paar der Welt mit Größe 247.*

Burg- und die **Turnstraße** zunächst das **Deutsche Schuhmuseum Hauenstein** 7 ansteuern.

Ein Stück zurück geht es weiter über die **Gartenstraße.** Wer möchte, kann hier links der Queich über die Queichstraße zum **Paddelweiher** folgen. Das beliebte Naherholungsgebiet bietet, wie der Name sagt, Paddelmöglichkeit und eine Pfälzerwaldvereinshütte mit leckerem Essen. Wir biegen an der Kurve der Gartenstraße in einen Pfad, der zum **Schuhmacherdenkmal** und zum **Marktplatz** führt. Dort ist ein Café, wo eine Pause eingelegt werden kann. Vor uns liegt die lang gezogene **Bahnhofstraße** mit ihren Schuh-Outlet-Läden, die alles bieten, was das Schuhherz begehrt. Immer im Blick haben wir die aufragenden roten Sandsteinfelsen, die den Ort umrahmen. Am Ende der Straße biegen wir links auf die **Alte Bundesstraße** ab, wo der Radweg Richtung Hinterweidenthal beginnt. Hinter einem riesigen Indianerzelt eines Freizeitanbieters und dem Bahnhof führt uns der Weg am Hirten- und bald am Horbach entlang.

Unseren Zielort **Hinterweidenthal** erreichen wir über die **Wartbachstraße.** Sie mündet in der **Hauptstraße,** in die wir nach rechts abbiegen. Gleich darauf folgen wir links der **Bahnhofstraße.** Wir überqueren die Wieslauter, auf der mit dem Boot erfrischende Touren angeboten werden. Hier können wir am Anlegeplatz ein wenig innehalten, den romantischen Blick auf den Fluss entspannt genießen oder unsere Füße im Bach erfrischen. Nun geht es in den Weg **Im Handschuhteich,** an dessen Ende der **Erlebnispark Teufelstisch** ⑧ liegt. Dort stellen wir die Räder ab und machen uns zunächst auf den rund 15-minütigen Fußweg zum **Teufelstisch** ⑨.

Wir gehen zurück zum **Erlebnispark Teufelstisch,** bei dem wir die Tour ausklingen lassen können. Der Park liegt unterhalb des Naturdenkmals und bietet ein Felsenmeer mit geologischem Lehrpfad und einer 50 Meter langen Rutsche, ein Labyrinth mit Glockenturm, einen Minigolfplatz sowie Spielmöglichkeiten aller Art. Hier liegt auch der **Landgasthof am Teufelstisch** ⑩ für einen kulinarischen Schlusspunkt. Zurück geht es bis zur **Hauptstraße,** auf der wir links abbiegen, dann rechts über die Straße **Kaltenbach** unter der Bundesstraße durch zum **Bahnhof Hinterweidenthal,** wo halbstündig die S-Bahn Richtung Landau fährt.

*Der **Teufelstisch** ist 14 Meter hoch und 280 Tonnen schwer. Der pilzförmige Buntsandsteinfelsen ist die skurrilste Felsformation der Region und ein Wahrzeichen. Er entstand durch Erosion weicherer Steinschichten, während der verkieselte Kern stehen blieb.*

Erlebnispark Teufelstisch in Hinterweidenthal

Edenkoben
Ramberg
Dernbach
Eußerthal
Albersweiler
Godramstein
Landau in der Pfalz
Queich
Siebeldingen
Queichhambach
Birkweiler
Annweiler am Trifels
Rinnthal
Sarnstall
Wilgartswiesen
Spirkelbach
Wernersberg
Hauenstein
Hinterweidenthal
Leinsweiler
Mörzheim
Klingenmünster
Dahn
Wieslauter
Bad Bergzabern
L 506
L 513
L 516
L 512
L 508
L 509
L 510
L 544
L 494
L 495
L 496
10
48
38
427
65
1
2
3
4
5
6
7
8
9
10

Alles auf einen Blick

WIE & WANN:
Meist flache Landschaft bis auf zwei Steigungen, auf Rad- und Wirtschaftswegen und wenig befahrenen Landstraßen; empfohlene Jahreszeit: Mai bis Oktober

HIN & WEG:
Auto: Parkplatz am Hauptbahnhof, Maximilianstraße 13, 76829 Landau in der Pfalz (GPS: 49.199380, 8.125754)
ÖPNV: diverse S- und Regionalbahnlinien bis Landau (Pfalz) Hauptbahnhof; zurück mit allen S-Bahnen Richtung Landau ab S-Bahnhof Hinterweidenthal

ESSEN & ENTSPANNEN:
Wirtshaus im Fronhof ❸ Queichtalstraße 40, 76855 Annweiler am Trifels, Tel. (0 63 46) 92 91 76
Eschers Eiswerk ❹ Messeplatz 10, 76855 Annweiler am Trifels, Tel. (0 63 46) 83 43
Landgasthof am Teufelstisch ❿ Im Handschuhteich 29, 66999 Hinterweidenthal, Tel. (0 63 96) 3 69

ENTDECKEN & ERLEBEN:
Rathausplatz ❶ Landau
Geilweilerhof ❷ Siebeldingen
Schipkapass ❺ Annweiler
Evangelische Kirche ❻ Rinnthal
Deutsches Schuhmuseum Hauenstein ❼ Turnstraße 5, Hauenstein, Tel. (0 63 92) 9 23 33 40, www.museum-hauenstein.de
Erlebnispark Teufelstisch ❽ Hinterweidenthal
Teufelstisch ❾

Genuss ✱✱✱✱
Entspannung ✱✱✱✱
Romantik ✱✱✱✱✱

- 37,1 Kilometer
- 374 Höhenmeter
- 2,5 Stunden
- Strecke

Draisinen bei Ulmet

Die Tour führt durch das Glantal, das zwischen der hügeligen Westpfalz und dem Nordpfälzer Bergland liegt. Daher radeln wir nicht nur durch eine erfrischende Fluss- und Auenlandschaft, sondern sehen saftige Äcker, schmetterlingsreiche Wiesen und kontrastreiche Berge. Der Glan ist, wenn man vom Rhein absieht, mit 68 Kilometern der längste Fluss der Pfalz. Wir folgen meist dem aus Radlersicht wenig anspruchsvollen Glan-Blies-Radweg, der rund 130 Kilometer umfasst. Daher kann die Strecke auch erweitert und in **Landstuhl** begonnen oder in **Meisenheim am Glan** beendet werden. Die Orte, denen wir begegnen, bieten nur wenige Genuss-Stationen, weswegen eine Picknickausstattung empfohlen wird.

Los geht es am **Bahnhof von Glan-Münchweiler.** Die Ortsgemeinde hat eine lange Geschichte, die wir entdecken, wenn wir über die **Hauptstraße** zur **protestantischen Kirche** hinaufradeln. Als die gotische Kirche aus dem Mittelalter anno 1772 im Stil des Barock umgestaltet wurde, hat man hier verbaute **römische Viergöttersteine** ❶ und zwei Steinsarkophage gefunden, die in einem Freilichtmuseum links neben der Kirche ausgestellt sind.

Wir radeln zurück zum Bahnhof, wo uns der Radweg nach **Rehweiler** führt. Hinter dem Bahnhof Rehweiler geht es links über die **Glanstraße,** Am Kuselberg und den Eisenbacher Weg weiter, mit einem schönen Blick auf das Glantal. Über den Huber Weg erreichen wir **Matzenbach,** wo an der Kreuzung eine Tafel über

*Die **römischen Viergöttersteine** waren Teil einer Jupitersäule. Sie zeigen den Händlergott Merkur, die Muttergöttin Juno sowie Minerva und Herkules. Sie standen schützend an der Römerstraße zwischen Metz und Landstuhl. Die Sarkophage sind mittelalterlich.*

Westpfalzfrische

Dem Glan folgen

den Ort informiert. Hier machen wir einen Abstecher nach rechts und entdecken eine typische **Waschtreppe am Glan** mit 13 Sandsteinstufen. Früher wurde hier Wäsche gewaschen, heute werden auf den Stufen Kanus abgelegt, aber man kann auch die Füße im Wasser kühlen. An Sonn- und Feiertagen gibt es in der gegenüberliegenden **Bauernstube** eine Einkehrmöglichkeit.

Wir radeln wieder zurück über die **Eisenbacher Straße** zum Radweg. Der führt uns auf der linken Seite des Glans an der gegenüberliegenden **Gimsbachmündung** vorbei. Den schmucken Turm der barocken Gimsbacher Kirche sehen wir nur aus der Entfernung. Die Gimsbacher sind stolz auf ihre Kirche, denn sie hatten diese 1747 allein mithilfe von Kollekten errichtet. Kurz vor **Godelshausen** liegt die Gaststätte **Zum Alten Wasserwerk,** die tagsüber nur an Wochenenden geöffnet hat. Auf der Hauptstraße gelangen wir nach **Theisbergstegen,** der nächsten Station unserer Tour. Dort geht es über die **Schul-** zur **Kuseler Straße,** wo der Radweg uns

Historische Waschtreppe in Matzenbach

Blick vom Remigiusberg

später geradeaus vorbei am Bahnhof weiterführt. Wir entscheiden uns, wenn die Kraft ausreicht, Elektrounterstützung vorhanden ist oder wir einen Spaziergang nicht scheuen, für einen lohnenswerten Aufstieg. Über den **Remigiusbergweg** oder rund 2 Kilometer weiter über die Landstraße geht es 146 Höhenmeter hoch hinauf. Eine gigantische Aussicht über das Glantal sowie die Westpfalz erwarten uns oben auf dem **Remigiusberg** 2.

In der Gaststätte **Zur Alten Propstei** 3 können wir entspannt mit fantastischem Blick auf das Glantal und das umliegende Bergland eine Pause einplanen. Danach rollen wir wieder bergab zurück zum Bahnhof von **Theisbergstegen.** Die **Bahnhofsstraße** mündet hier

*Der 368 Meter hohe **Remigiusberg** mit der Michelsburg sowie der Propsteikirche Sankt Remigius aus dem 12. Jahrhundert erinnert vom Namen her an einen Missionar der Franken. Der Berg bildet die Kante des Nordpfälzer Berglandes und ist Heimat vieler Raubvögel.*

Für die Seele

Durch das Westpfälzer Musikantenland mit seinen frischen Wasseroasen und sattgrünen Wiesen entlang des Glans radeln und sich von Draisinen überholen lassen.

Brücke mit Schiene bei Altenglan

in den Radweg, der uns weiter durch die Wiesenlandschaft des Glantals und vorbei an Rutsweiler und Mühlbach nach **Altenglan** führt. Bekannt ist Altenglan durch seinen **Draisinenbahnhof 4**, den wir über die Bahnhofstraße ansteuern. Der anno 866 erstmals erwähnte Ort ist aber auch einer der wenigen Haltepunkte auf der Strecke, an denen man sich versorgen kann. Wer möchte, findet hier einen Bäcker, einen Supermarkt, Cafés und in der Glanstraße den Gasthof **Zum Remigiusland 5**, der einen Mittagstisch anbietet.

Wir radeln zunächst parallel zur Draisinenstrecke. Rund um Altenglan münden mehrere Bäche in den Glan, so radeln wir teils auf Holzstegen über den Kuselbach und den Glan. Hinter dem Ort überqueren wir den Fluss auf einer eindrucksvollen engen **Steinbrücke** mit herrlicher Aussicht, müssen hier aber auf den Autoverkehr aufpassen. Der breiter werdende Glan fließt nun durch ein Biotopgebiet.

!

*Die beliebten **Draisinen** fahren parallel zum Radweg und dem Glan bis Lauterecken auf einer rund 40 Kilometer langen stillgelegten Bahntrasse. Es gibt einige Versorgungsstationen. Die Schienenfahrzeuge werden entweder mit Pedalen oder mit Handhebeln bewegt.*

Der nächste Ort auf der Strecke ist **Bredesbach,** den wir vorbei am Gasthaus Born über die **Austraße** und **Am Schleidchen** durchfahren. Am Ende des Ortes erwartet uns ein Rastplatz für ein Picknick. Entlang des plätschernden Glans erreichen wir über die Bahnhofstraße den Ort **Erdesbach.** Hier biegen wir links in die Mühlstraße ab und kommen zu einem der schönsten Haltepunkte der Strecke, der **Erdesbacher Mühle und dem Stauwehr 6.**

Über den **Mühlweg** geht es wieder zurück und weiter an einer Pizzeria vorbei auf den Radweg, der durch die Auenlandschaft des Glans führt. Bis Ulmet ist die Strecke als **Gewässerlehrpfad 7** angelegt, der viele Informationstafeln zum Fluss sowie zur hiesigen Flora und Fauna bereithält. Bänke laden ein, das Treiben im Fluss auf sich wirken zu lassen. Wir erreichen **Ulmet,** dessen Ortskern auf der linken Seite des Glans liegt. Wir radeln rechts des mäandernden Glans weiter und

*Das rauschende Wasser am **Erdesbacher Stauwehr** samt Mühle aus dem 18. Jahrhundert wirkt beruhigend und lädt zum Innehalten ein. An der 2013 angelegten Fischtreppe können wir Forellen, Äschen, Döbel und Barben beobachten, die zu ihren Laichplätzen wandern.*

Erdesbacher Staustufe

Glan bei
Offenbach-Hundheim

erreichen die **Meisenheimer Straße,** wo wir zur schön angelegten **Flurskapelle** hochradeln und die Aussicht über das Glantal genießen. Dann rollen wir die Meisenheimer Straße wieder bergab und überqueren den Glan. Der Weg führt nun parallel zur Bundesstraße weiter. Auf der Höhe von **Ratsweiler** liegt die **Steinalpmündung** mit ihren Wiesen, auf denen häufig Störche und Reiher zu sehen sind. Zwischen Gumbsweiler und Sankt Julian gibt es ein **All American Diner,** das leider nur am Abend öffnet. Wahrscheinlich entstand es wegen der vielen US-Amerikaner, die in der Region rund um die Ramstein Air Base leben.

In **Glanbrücken** überqueren wir den Glan und radeln über An den Mühlen und den **Hirsauer Weg** hinauf zur **Hirsauer Kapelle.** Das romanische Kleinod aus dem 12. Jahrhundert ist mit einem imposanten Renaissance-

Abteikirche Offenbach-Hundheim

Um 1215 als ***Benediktiner-Abteikirche Sankt Maria*** *errichtet, ist die Kirche seit 1538 evangelisch. Ihr Langhaus wurde im 19. Jahrhundert abgerissen, weshalb sie nur noch 30 Meter breit ist. Sie gilt als eine der schönsten frühgotischen Kirchen Deutschlands.*

tor aus dem 15. Jahrhundert ausgestattet. Berühmt sind die mittelalterlichen Malereien der Kapelle, die unter anderem Christus in einer Mandorla, also Mandelform, sowie das Jüngste Gericht darstellen. Auf der anderen Seite des Hügels radeln wir die Hirsauer- und Talstraße hinab nach **Offenbach-Hundheim.** Zunächst an der Bundesstraße entlang, queren wir diese über die Brückenstraße, biegen rechts in die Klosterstraße, wo wir die einst mächtige **Abteikirche Sankt Maria** **8** besuchen.

Wir radeln zur Bundesstraße zurück und rechts daneben weiter nach **Wiesweiler,** wo wir den Glan erneut überqueren und bereits aus der Ferne unseren Zielort sehen. Der Radweg endet in **Lauterecken** bei der Sankt-Josefs-Kapelle. Hier radeln wir rechts zur **historischen Lauterbrücke.** Darunter liegt ein wunderschön neu angelegter Park mit Ruhebänken, der – allerdings

Blick von der historischen Brücke in Lauterecken

ohne Rad – Entspannung pur am rauschenden Bach bietet. Über die Lauterbrücke aus alten Steinen erreichen wir einen Platz mit Informationen zum Ort und einer riesigen alten Holzpresse. Wir radeln links über die Schlossgasse weiter zum **Schloss Veldenz ⑨.** Vom 1343 erstmals erwähnten Schloss der Grafen von Pfalz-Veldenz sind nur noch die **mittelalterliche Mauer,** ein Keller und der **spätgotische Turm** mit seinem Wehrgang erhalten. Dort sind heute städtische Kultureinrichtungen untergebracht. Im Areal zwischen Schloss und protestantischer Kirche an der Hauptstraße gibt es leider wenig Gastronomie. Daher radeln wir links über die **Hauptstraße** zum dortigen **Stadtcafé ⑩,** das vieles bietet, was das Herz begehrt. Über die Haupt- und Bahnhofstraße geht es schließlich zum **Bahnhof Lauterecken,** wo das **Brauhaus** im alten Bahnhofsgebäude nochmals eine Möglichkeit bietet, die Tour kulinarisch ausklingen zu lassen. Von dort pendelt halbstündig die S-Bahn zurück nach Glan-Münchweiler oder nach Landstuhl.

Lauterecken
270
K 37
Wiesweiler
Lauter
270
L 373
K 63
Offenbach-Hundheim
420
Steinalp
Glanbrücken
L 169
L 372
Niederalben
St. Julian
K 26
Totenalb
L 368
Nollkopf
Rathsweiler
K 29
Gumbsweiler
Glan
Hubhöhe
K 27
Ulmet
K 22
Sulzberg
Erdesbach
K 36
Herrmannsberg
L 368
Selberg
Altenglan
L 367
420
Kuselbach
L 370
423
Rammelsbach
Haschbach am Remigiusberg
Rutsweiler am Glan
Potzberg
L 362
Theisbergstegen
L 367
L 364
Matzenbach
Rehweiler
Dietelsberg
62
Glan-Münchweiler
423
L 358
L 363

Alles auf einen Blick

WIE & WANN:
Flache Landschaft mit einer großen Steigung, vor allem Rad- und Wirtschaftswege; empfohlene Jahreszeit: Mai bis Oktober

HIN & WEG:
Auto: Parkplatz, Buchenweg 9, 66907 Glan-Münchweiler (GPS: 49.469761, 7.446987)
ÖPNV: S- und Regionalbahnlinien bis Bahnhof Glan-Münchweiler; Rückfahrt ab Bahnhof Lauterecken mit allen S- und Regionalbahnlinien Richtung Landstuhl

ESSEN & ENTSPANNEN:
Es gibt kaum Einkehrmöglichkeiten, bitte an Verpflegung für unterwegs denken!
Zur alten Propstei ❸ Remigiusberg 32, 66871 Haschbach am Remigiusberg, Tel. (0 63 81) 9 95 00 99
Zum Remigiusland ❺ Glanstraße 21, 66885 Altenglan, Tel. (06 38 1) 24 31, www.remigiusland.de
Stadtcafé ❿ Hauptstraße 25, 66742 Lauterecken, Tel. (0 63 82) 40 31 28

ENTDECKEN & ERLEBEN:
Römischer Viergötterstein ❶ Hauptstraße 18, Glan-Münchweiler
Remigiusberg ❷ Theisbergstegen
Draisinenbahnhof ❹ Bahnhofstraße 67, Altenglan
Erdesbacher Mühle und Stauwehr ❻
Gewässerlehrpfad ❼ Ulmet
Abteikirche Sankt Maria ❽ Offenbach
Schloss Veldenz ❾

Genuss ✱✱✱✱✱
Entspannung ✱✱✱✱✱
Romantik ✱✱✱✱✱

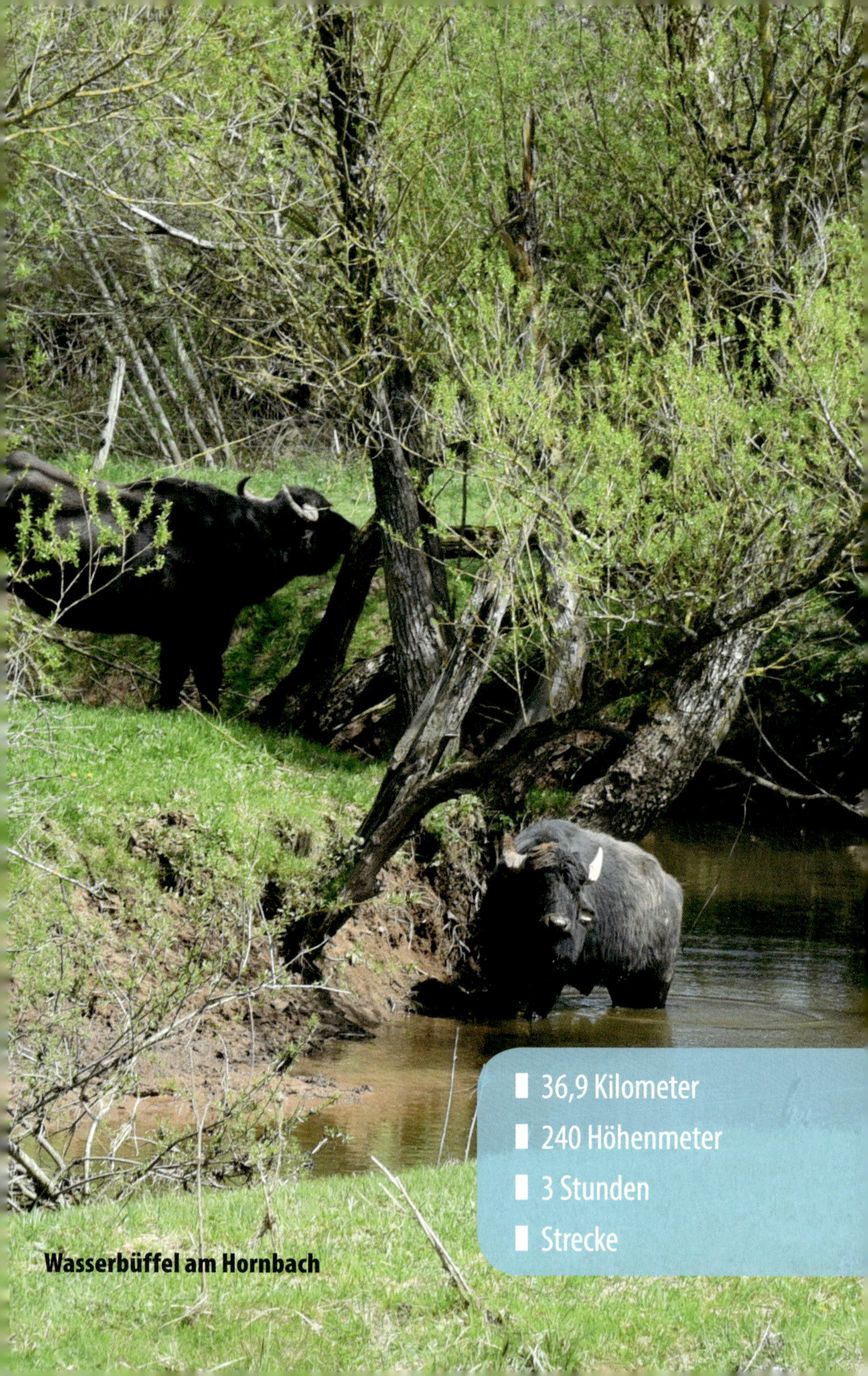

- 36,9 Kilometer
- 240 Höhenmeter
- 3 Stunden
- Strecke

Wasserbüffel am Hornbach

Diese meist flache Tour durch die Südwestpfalz bietet tierische Überraschungen in einer fantastischen Naturlandschaft zwischen zwei traditionsreichen Residenzstätten. Da wir Bächen und Flüssen folgen, ist sie dazu noch sehr erfrischend. Unterwegs gibt es kaum Genuss-Stationen, weshalb eine Picknickausrüstung empfohlen wird.

Wir starten am **Hauptbahnhof von Pirmasens,** der Metropole des „Schlabbefliggerlandes". So wird die Schuhmacherregion in der Pfalz liebevoll genannt. Es geht über die Bahnhofsstraße zum Stadtkern mit dem **Alten Rathaus** ❶ in die **Hauptstraße,** eine Fußgängerzone. Dort können wir uns in Cafés, einer Metzgerei und einer Bäckerei für ein Picknick versorgen. Das rote spätbarocke **Alte Rathaus** beherbergt heute das Pirmasenser **Stadtmuseum.** Eine beeindruckende Treppe führt vom Schlossplatz hoch zur Kirche **Sankt Pirmin,** deren Namen an den Stadtheiligen und Schutzpatron erinnert. Den Weg hinauf säumt eine imposante Brunnenanlage, wassergespeist von einem Stierkopf, den der Künstler Gernot Rumpf gegossen hat. Oben liegt das empfehlenswerte **Kuchems Brauhaus** ❷.

__Kuchems Brauhaus__ ist ein gemütliches Restaurant mit Blick auf das Alte Rathaus. Hier kann entspannt die Tour begonnen oder mit einem leckeren Essen und bei einem im kupfernen Sudkessel gebrauten, naturtrüben Bier abgeschlossen werden.

Wir schieben das Rad durch die Fußgängerzone Hauptstraße zur Schlossstraße, wo wir links abbiegen und gleich links am **Exerzierplatz** entlangradeln. Eine Bronzefigur am Platz erinnert an den hessischen Landgrafen, der hier einst regierte und seine Gardesoldaten hatte exerzieren lassen. Ihm zu Ehren wird jährlich im Frühjahr das Landgrafenfest gefeiert. Die

Südwest-Residenzen

Pirmasens bis Zweibrücken

Altes Rathaus in Pirmasens

Platzmitte mit dem gläsernen Eingang zu einem Parkhaus wirkt futuristisch, vor allem mit dem historischen Gebäude im Hintergrund, das seit 1945 als Rathaus der Stadt genutzt wird. Wir radeln weiter nach rechts über die Ringstraße, biegen links in die Schützen- und wieder rechts in die Teichstraße und entdecken in der **Schachenstraße** die Figur einer Doppelhelix, die auf das **Dynamikum** ③ hinweist. Die Tourist-Information am Eingang hält Informationen zur Stadt und zum Radeln in der Region bereit.

Hinter dem Dynamikum geht es links über die **Roland-Betsch-Straße** zum Radweg Richtung Hornbach. Der heißt zunächst **Neuer Streckweg** und beginnt oberhalb des **Strecktalparks,** eines wunderbaren Naherholungsortes, in den ein Geopark des Dynamikums integriert ist. Dort ist allerdings Radeln verboten. Wir folgen daher dem Weg oberhalb des Strecktals mit seinem zaungeschützten Gelände. Wenn der Zaun endet, erreichen wir den romantischen **Blümelsbach** mit seinem Tal. Nun geht es einige Kilometer mitten durch ein romantisches Waldgebiet. Der Autoverkehr wird hier über die Täler hinweggeleitet. Einmal radeln wir hier unter einer riesigen Autobrücke durch, bleiben jedoch sonst vom Verkehr verschont. Wir passieren eine Hinweistafel, dass man hier einst in diesem Tal am Ende der Welt wilde Kämpfe ausfocht, in der Schlacht bei Pirmasens, als französische Revolutionstruppen 1793 besiegt wurden. Weiterhin erfahren wir, dass im Tal viele Mühlen standen. Dies kann jedoch nur noch

!

*Das Mitmachmuseum **Dynamikum** in einer ehemaligen Schuhfabrik macht Technik- und Naturphänomene auch für technisch unbedarfte Menschen begreifbar. Es wendet sich mit seinen spannenden Ausstellungen an Kinder, Jugendliche und Erwachsene.*

Für die Seele

Vom landgräflichen Pirmasens radeln wir durch Bachtäler und Auen nach Zweibrücken und lassen im Rosengarten der Herzöge die Seele baumeln.

*Die **Wasserbüffel** am Blümelsbach und am Hornbach sind großflächig eingezäunt an Furten der Gewässer angesiedelt. Die urigen Tiere lieben Feuchtstandorte und verhindern die Verbuschung der Tal-Auen. Träger des Projekts ist die Naturschutzbehörde.*

über Hinweise am Wegesrand erschlossen werden. Bald kommen wir zu einer Hauptattraktion der Strecke, einer Herde **Wasserbüffel** ④.

Am Ende des Blümelsbachtals finden wir den Hinweis, dass der Radweg nach Hornbach nun rund 8 Kilometer über eine wenig befahrene Landstraße weiterführt. Wir radeln Richtung **Walshausen** und sehen von Weitem bereits die ersten Pferde, die den Ort bekannt machen. Über die Mühlstraße kommen wir vorbei an großen Reitställen, die Pferdeliebhaber aus der gesamten Region anlocken. Eine kurze Pause gönnen wir uns in der Dorfmitte an der Hauptstraße, wo der liebevoll angelegte Brunnen mit kleinem Wasserrad beruhigend plätschert.

Weiter geht es auf der Hauptstraße zum Ortsausgang. Wir nehmen die Landstraße geradeaus Richtung **Kirschbacherhof** durch eine Auenlandschaft, in der uns bald an einer Biegung der Straße der Hornbach begegnet, dessen Lauf wir von nun an folgen.

Radweg am Blümelsbach

Rastplatz mit Wassermühle in Walshausen

Unzählige Störche haben sich hier angesiedelt und vor allem auf den Dächern des mehrteiligen historischen Hofgebäudes ihre Nester gebaut. In den Feuchtwiesen entlang des **Hornbachs** finden sie viele Leckereien, die ihren Nachwuchs satt machen. Am Kirchbacherhof biegen wir links ab und radeln vorbei an den Aussiedlerhöfen **Birkwieserhof** und **Monbijou**, die einst von mennonitischen und französischen Glaubensflüchtlingen besiedelt wurden, nach **Dietrichingen.** Von dort geht es weiter Richtung **Mauschbach**, wo uns auf den Wiesen rechter Hand Schottische Hochlandrinder begegnen. Vor der Brücke, die nach Mauschbach hineinführt, folgen wir dem links abbiegenden Radweg. In der vom **Hornbach** zerklüfteten Wiesenlandschaft mit knorrigen Bäumen am Ufer halten wir Ausschau nach der hier angesiedelten **Wasserbüffelherde.** Die frisst meist genüsslich Gras oder sie

suhlt sich gerade im Wasser des Baches im Schatten der Bäume. Wir genießen den Anblick, der an südafrikanische Wildparks erinnert, und radeln weiter. Bald schon kommen wir in Sichtweite des Ortes **Hornbach,** der um ein bedeutendes Kloster herum erbaut wurde. Es geht zunächst den **Sankt Johanner Weg** geradeaus die Anhöhe hinauf zur **Hauptstraße,** wo wir ein historisches Stadttor passieren. Am **Alten Rathaus** geht es rechts kurz die Pirminiusstraße hinauf zur alten Kirche **Sankt Fabian,** der historischen Klosterkirche von Hornbach, mit einer verlockenden Ruhebank für eine Entspannungspause. Hier können wir uns über das **Kloster Hornbach** informieren.

*Das **Kloster Hornbach** wurde 741 von Pirminius gegründet und war im Mittelalter als Benediktinerabtei das geistige Zentrum der Region. Seit 1557 ist Hornbach evangelisch. Heute erinnert das Historama neben dem Klosterhotel an die bewegte Geschichte.*

Es geht zurück zur Hauptstraße. Rechts sehen wir das **Hotel und Restaurant Kloster Hornbach** ⑤**,** das über eine gute Küche und eine wunderschöne Außengastronomie verfügt. Allerdings sollte zuvor geklärt werden, ob man derzeit bewirtet wird. Falls hier kein Service möglich ist, gibt es unten im Ort einen schönen Rastplatz am Hornbach. Dazu radeln wir die **Hauptstraße** hinunter, wo er an der Kreuzung zum **Butterweg** liegt. Von dort aus sehen wir hinauf zum Klostergelände mit der hervorstehenden evangelischen Kirche. Wer sich in Hornbach versorgen möchte, findet einen Supermarkt über dem Bach rechts in der Pirmasenser Straße. Dort gibt es auch eine Toilette und eine Bäckerei mit Sitzgelegenheit.

Klosterkirche Sankt Fabian in Hornbach

Weiter geht es, indem wir die **Hauptstraße** zurück hinaufradeln und rechts in die **Lauerstraße,** die in die Altheimer Straße übergeht, abbiegen. Gleich kommen wir auf den Radweg nach

Die Schwalb in Hornbach

Zweibrücken, der als **Europäischer Mühlenradweg** ausgezeichnet wurde und auf den eine Tafel hier hinweist. Wir überqueren den Bach **Schwalb** mit einem herrlichen Blick von der Brücke auf eine Auenlandschaft und fahren scharf rechts auf den ausgewiesenen Weg. In dem vor uns liegenden Hornbachtal passieren wir die Ortschaften **Buchholzbergerhof, Althornbach** und **Rimschweiler.** Wir folgen nun dem Premiumradweg durch ein sattgrünes Wiesental, in dem immer wieder Pferdekoppeln zu sehen sind. Wir entdecken Störche und Reiher, die nach Kröten und Fröschen Ausschau halten. Ab und an gibt es hier Sitzbänke oder Picknickplätze mit Infotafeln zu den Orten und der Landschaft, die wir durchfahren.

Bald erreichen wir die Peripherie der Stadt **Zweibrücken.** Hier führt der Radweg am Kreisel links über den Hornbach und dann gleich rechts zu einer schönen Strecke parallel am schnurgeraden Hornbach entlang. Diesem Weg folgen wir – an der Schlachthofstraße die Seite des Bachs wechselnd – bis zur **Bubenhausener Straße,** auf der wir rechts die Autobahn unterqueren.

Links über die **Kaiser-** und dann über die **Ritterstraße** rechts erreichen wir den Stadtkern mit der **Hauptstraße** als Fußgängerzone. Wir stellen unser Rad ab und können in einem der vielen Cafés, Eiscafés und Restaurants kleinere oder größere Speisen zu uns nehmen. Rechts der Hauptstraße liegt der **Alexanderplatz,** wo wir einen Blick in die offene **Alexanderkirche** 6 werfen. Dieses Wahrzeichen der Stadt spiegelt die bewegte Geschichte der einstigen Metropole und ihrer Herrscher. Der Norden des Alexanderplatzes mündet in einem weiteren Platz, der pyramidenförmig auf das um 1720 erbaute **Schloss** der Herzöge von Zweibrücken zuläuft. Das Fürstenhaus ist mit vielen Häusern Europas verwandt. Aus Zweibrücken kam auch der erste bayerische König Maximilian, nach dem das Parlament in München benannt ist. Das Schlossgebäude ist heute Sitz des Pfälzischen Oberlandesgerichts. Vom **Café am Schloß** 7 aus kann man den Blick auf das Barockgebäude mit dem detailreichen Wappen am besten bestaunen. Am Schloss geht es rechts und dann links über die **Bleicherstraße** auf dem Schlossgartenweg zum **Bleichersbach.** Wo einst ein Exerzierplatz war, befindet sich heute eine Naherholungsanlage, die uns zum Entspannen einlädt. Diese wird begrenzt durch den **Schwarzbach** und die Rosengartenstraße, von der aus wir rechts den **Zweibrücker Rosengarten** 8 besuchen.

Wir überqueren den schnurgerade verlaufenden Schwarzbach, der bereits 1621 hier kanalisiert wurde, und biegen links auf die **Gestütsallee** ab. Über uns tummeln sich unzählige Krähen, die in den Bäumen ihre Nester gebaut haben und sich lauthals bemerkbar machen. Rechts entdecken wir das Landgestüt Zweibrücken, wo man ab und an das Training von meisterlichen Springpferden beobachten kann. Am Schwarzbach entlang geht es weiter zur **Herzogvorstadt** mit ihrem repräsentativen Platz. In den strahlend weißen Barockgebäuden sind heute das **Rathaus** und das **Stadtmuseum von Zweibrücken** 9 untergebracht, in dem es immer wieder spannende Sonderausstellungen gibt. Auf den Stufen am Schwarzbach können wir entspannt sitzen oder auf der anderen Seite des Gewässers nahe der reizenden Skulptur eines **Schweinehirten** einen Kaffee genießen. Entlang des Schwarzbaches radeln wir über die **Schillerstraße** links in die **Kaiser-** und dann rechts in die **Poststraße.** An deren Ende liegt der **Zweibrücker Hauptbahnhof,** von dem stündlich eine S-Bahn nach Pirmasens zurückfährt.

*Der **Rosengarten Zweibrücken** ist der drittgrößte in Deutschland. Der 1914 eröffnete 5 Hektar große Park bietet rund 45.000 Rosen von 1500 Sorten, viele andere Pflanzen und einen See. Hier gibt es Ausstellungen, Events sowie ein Café zum Entspannen.*

Rosengarten in Zweibrücken

Zweibrücken
Niederauerbach
Contwig
Stambach
Rieschweiler-Mühlbach
Dellfeld
Falkenbusch
Nünschweiler
Höheischweiler
Thaleischweiler-Fröschen
Petersberg
Hengsberg
Eischberg
Zweibrücker Straße
Pirmasens
Gottelsberg
Gersbach
Winzeln
Windsberg
Blümelsbach
Harschbrunner Berg
Walshausen
Felsalbe
Kleinsteinhausen
Großsteinhausen
Bottenbach
Sternenberg
Kirschbacher Wald
Dietrichingen
Mauschbach
Hornbach
Althornbach
Rimschweiler
DEUTSCHLAND
FRANKREICH
L 469
L 465
L 471
L 480
L 477
L 600
L 482
L 484
L 700
L 478
L 479
K 6
K 12
424
D35A
8
62
10
270

Alles auf einen Blick

WIE & WANN:
Meist flache Strecke, auf Radwegen und wenig befahrenen Landstraßen; empfohlene Jahreszeit: April bis Oktober

HIN & WEG:
Auto: Parkplatz am Hauptbahnhof, Tunnelstraße, 66953 Pirmasens (GPS: 49.206534, 7.598399)
ÖPNV: diverse S- und Regionalbahnlinien bis Hauptbahnhof Pirmasens; Rückfahrt vom Hauptbahnhof in Zweibrücken mit den S-Bahnen Richtung Pirmasens

ESSEN & ENTSPANNEN:
Es gibt unterwegs kaum Einkehrmöglichkeiten, bitte an Verpflegung denken!
Kuchems Brauhaus ❷ Schlossstraße 44, 66953 Pirmasens, Tel. (0 63 31) 21 38 94, kuchems-brauhaus.de
Hotel und Restaurant Kloster Hornbach ❺ Im Klosterbezirk, 66500 Hornbach, Tel. (0 63 38) 91 01 00
Café am Schloß ❼ Schlossplatz 5, 66482 Zweibrücken, Tel. (0 63 22) 7 31 55

ENTDECKEN & ERLEBEN:
Altes Rathaus ❶ Pirmasens
Dynamikum ❸ Fröhnstraße 8, Pirmasens, Tel. (0 63 31) 2 39 43 0
Wasserbüffel ❹ am Blümels- und Hornbach
Alexanderkirche ❻ Zweibrücken
Rosengarten ❽ Rosengartenstraße 50, Zweibrücken, rosengarten-zweibruecken.de
Stadtmuseum ❾ Herzogstraße 9, Zweibrücken, Tel. (0 63 32) 87 13 80

Genuss ✱✱✱✱✱ (3 von 5)
Entspannung ✱✱✱✱✱ (5 von 5)
Romantik ✱✱✱✱✱ (5 von 5)

Lauterblick in Wissembourg

- 46 Kilometer
- 258 Höhenmeter
- 3,5 Stunden
- Rundtour

Die ebene Tour führt uns entlang des romantischen Grenzflusses Lauter, der durch eine Wald- und Auenlandschaft friedlich dahinfließt. Die Idylle birgt jedoch Befestigungen, die von der einst umkämpften Grenze zwischen Deutschland und Frankreich zeugen, inzwischen aber von der Natur zurückerobert wurden.

Wir starten am **Bahnhof Wissembourg.** Zunächst geht es über die **Rue Vauban,** die an einen berühmten französischen Festungsbauer erinnert. Wir überqueren die Lauter und biegen rechts am **Supermarkt Auchan** ab. Dort können wir uns mit leckerer Pastete und knusprigem Baguette versorgen, denn die Strecke ist zwar voller schöner Haltepunkte in der freien Natur, hat aber wenige Genuss-Stationen. An der **Rue des Quarte Vents** liegt ein Gymnasium, französisch Lycée, an dem wir vorbeiradeln und auf einen Bach treffen. Entlang der **Avenue du Général de Gaulle** radeln wir zum Place de la Liberté in **Altenbourg.** Wir biegen rechts in die **Rue Principale** und blicken auf die Lauter. Hier beeindruckt der alte **Waschplatz an der Lauter** ❶**,** weil er wirkt, als ob an dieser Stelle heute noch Wäsche mit Hand gewaschen wird. Da er einer der schönsten Plätze an dem Fluss ist, sollte er bei einer ersten Pause besichtigt werden. Wer möchte, kann seine Füße im schnell fließenden Gewässer abkühlen.

Über die Rue Principale durchqueren wir den pittoresken Ort mit seinen vielen Fachwerkhäusern und passieren die rund 1000 Jahre alte romanische **Église St.-Ulrich** sowie die **Mairie,** also das historische Rathaus.

Grenzenlos

Zwischen Elsass und Pfalz

Historischer Waschplatz
in Altenbourg

Romanische Sankt-Ulrich-Kirche in Altenbourg

Ein Schild weist uns auf den Radweg nach Lauterburg hin, der uns über die Bundesstraße in die **Rue de Riedseltz** führt. Wir folgen der Rue Alfred Nobel, queren die Straße D 263 und radeln dann auf der Rue Maurice Allais Richtung Schleithal. Am **Hippodrom,** also der Pferderennbahn, geht es rechts in den Chemin de la Hardt und dann links weiter. Der Radweg umfährt **Schleithal** nördlich, doch wir biegen rechts ab in die Rue de la Forêt zur **Brasserie de la Gare ②.** Diese bietet mittags und abends Speisen und Getränke. Die Rue Principale führt uns durch das Dorf, das als das längs-

Für die Seele

Zwischen Pfalz und Elsass radeln wir durch das deutsch-französische Grenzland an der Lauter entlang, besuchen das Kakteenland und genießen den Flair von Wissembourg.

te im Elsass gilt. In einem kleinen Point Coop können wir uns versorgen.

Wir folgen links der Rue de la Gare und stoßen an der nächsten Abbiegung rechts wieder auf den Radweg. Der führt über weite Felder mit vereinzelten Bäumen nach **Salmbach.** Der Weg mündet in die Rue des Prés, wo wir eine kleine Runde durch den überschaubaren Ort drehen können. Wir radeln weiter über die die Rue du Stade und folgen dem Schild „La Lauter". Dort führt ein Rad- und Wanderweg über eine Brücke auf die deutsche Seite zum Forsthaus Salmbach. Wir jedoch halten am wunderschönen **Rastplatz an der Lauter** 3 an und genießen eine längere Pause direkt am Grenzfluss und seiner heute grünen Grenze. Im Wald rund um den Platz finden wir überall die Überreste von Befestigungsanlagen, der sogenannten **Ligne de la Lauter.** Die ehemalige Deutsch-Französische Grenze ist voller Wälle und Schanzen, die in Frankreich

*Der **Rastplatz an der Lauter** ist eine der wenigen Stellen, wo man die Lauter in ihrer natürlichen Form erleben und seine Füße ins Wasser halten kann. Die Brücke liegt auf der grünen Grenze. Tafeln informieren hier über die Region und die Natur.*

Rastplatz an der Lauter mit grüner Grenze

Französisches Grenzhäuschen an der Lauterbrücke in Scheibenhard

Redoute genannt werden. Inzwischen hat die Natur das menschengemachte Werk zurückerobert.

Am Rastplatz kämen wir jenseits der Lauter auf deutscher Seite gleich zum **Waldgasthof Bienwaldmühle,** doch radeln wir zunächst auf französischer Seite Richtung Osten. Teilweise müssen wir das Rad schieben. Daher nehmen wir einen der Wege rechts zur Landstraße D3, die uns zum Grenzort **Scheibenhard** führt. Über die **Rue de la Sixième Compagnie** geht es zur ehemaligen Grenzstation an der Lauter, an die noch ein kleines **Grenzhäuschen** erinnert. Hier liegt auch die Auberge à la Fleur. Wir überqueren die Lauter und finden auf der deutschen Seite, wo der Ort Scheibenhardt heißt, einen breiten Rastplatz am Gewässer. Versorgen können wir uns in der **Bäckerei mit Café La Minzbrueck ④,** denn dort gibt es beispielsweise leckeren Kuchen oder belegte Brote. Wir machen einen kleinen Umweg über die **Hauptstraße,** wo eine Stele an einem schön gestalteten Platz mahnt: „Die Grenze war unser Leid, Europa ist unsere Zukunft.“ Über den **Jakobspfad** und den **Hasenweg** geht es nun auf eine wenig befahrene Landstraße ohne Mittelstreifen, die

*Die **Bienwaldmühle** ist eines der beliebtesten Ausflugslokale der Region mit einer wunderbaren Außenterrasse und einem Ziegengehege. Man hat einen herrlichen Blick auf die mäandernd dahinfließende Lauter und die ehemals befestigte Grenze.*

Im **Kakteenland Steinfeld** werden auf 5000 Quadratmetern Wüsten- und Tropenpflanzen gezüchtet und ausgestellt. Das nach dem Goldkugelkaktus benannte Restaurant Zum Schwiegermuttersitz bietet Leckereien wie den Flammkuchen mit Kaktusstreifen.

schnurgerade durch den Bienwald führt, Richtung Bienwaldmühle. Ein erster Haltepunkt ist das **Forsthaus Salmbacher Passage.** Hier erwartet uns ein kleiner Rastplatz, von dem aus wir wieder den romantischen Platz nahe Salmbach an der Lauter erreichen könnten. Nun erreichen wir endlich den **Waldgasthof Bienwaldmühle 5.**

Entlang der schnurgeraden Landstraße geht es dann Richtung Steinfeld. Linker Hand finden sich wieder Hinweise auf ehemalige Wehranlagen, die heute Rastplätze beherbergen. Wir verlassen den Wald und radeln an der Gaststätte des Tennisclubs Steinfeld rechts durch ein wasserreiches Naherholungsgebiet, das einst ein Panzergraben war. Vorbei am Freibad kommen wir zum **Kakteenland Steinfeld 6.**

Über den Wengelspfad führt der Radweg vor dem Bahnübergang nach links, wo es entlang der Gleise weitergeht. Beim Bahnhof überqueren wir die Gleise und radeln über die **Bahnhofstraße** in den Ortskern von **Steinfeld.** Rund um die hoch liegende katholische

Rastplatz auf einer ehemaligen Wehranlage im Bienwald

Steinfeld Kakteenland

Kirche Sankt Leodegar können wir rasten oder auf dem Dorfplatz gegenüber in der **Gaststätte Zur alten Brauerei** etwas zu uns nehmen. Es geht weiter über die Obere Hauptstraße und die Hauptstraße nach **Kapsweyer,** das mit Steinfeld fast zusammengewachsen ist. Ein Haltepunkt ist das Bürgerhaus mit Rastmöglichkeiten davor. Weiter geht es auf dem Radweg nach **Schweighofen,** entlang von Feldern, wo der Raps im Frühjahr strahlend gelb leuchtet. Auf Wiesen grasen Pferde. Wir durchqueren Schweighofen auf der Hauptstraße. Am Ende des Ortes steht eine Steinskulptur, die zeigt, dass das Dorf sich dem Obst verschrieben hat. An der wenig befahrenen Landstraße kommen wir dann auch an Obstplantagen vorbei. Über Windhof erreichen wir **Schweigen-Rechtenbach** und steuern auf das weithin sichtbare **Deutsche Weintor** 7 zu.

Vom Weintor aus rollen wir die Weinstraße bergab über die Grenze nach Frankreich auf die **Route de Schweigen** nach **Wissembourg.** Wir biegen nach dem Kreisel rechts in die **Rue de la Jardins** ab und fahren ein Stück die Rue des Paysans entlang, bevor wir links

*Das 19 Meter hohe **Weintor Schweigen** wurde 1936 als Anfang der Deutschen Weinstraße erbaut und sollte zur Grenze hin bedrohlich wirken. Heute ist es ein völkerverbindender Ort. Bronzetafeln erinnern an Weingrößen, Vinotheken ringsum bieten Genuss.*

Deutsches Weintor in Schweigen

über die **Rue de la Laine** in den Stadtkern zur **Rue nationale** gelangen. Hinter dem **Place de la republic** liegt die Lauter. Dort machen wir in dem kleinen **Park am Quai du 24 Novembre** eine Pause und schauen uns um. Wir sehen das **Maison du Sel,** das Salzhaus mit seinem imposanten spätmittelalterlichen gewellten Dach, sowie viele Häuser aus der Zeit der Renaissance, als Weißenburg einem protestantisch geprägten Zwölfstädtebund angehörte. Die **Klosterkirche Sankt Peter und Paul** (8) bildet den Blickfang.

*Die **Kirche Sankt Peter und Paul** ist Kern eines Benediktinerklosters aus dem 7. Jahrhundert, dem viele Orte der Pfalz gehörten. Otfrid von Weißenburg lehrte hier. Er gilt als der erste bekannte Dichter deutscher Sprache, übertrug aber auch Bibeltexte ins Deutsche.*

Wir radeln den Quai weiter zur **Pfistermühle,** die einst das Kloster mit Mehl versorgte, und biegen in die Rue du Chapitre ein, um den **Kreuzgang** der Kirche zu besuchen. Auch ein Besuch des **Musée Westercamp** lohnt. Am Ende können wir uns in einer der schönen Einkehrmöglichkeiten von Weißenburg verwöhnen lassen, beispielsweise im **Restaurant Du Saumon** (9), das wir am Ende der Rue de Chapitre links über die Rue Stanislas erreichen. Von dort aus geht es über die Rue de l'Ordre Teutonique entlang des Stadtrings über die Lauter zur **Avenue de la Gare,** wo uns ein Radweg gemütlich zum **Bahnhof** zurückführt.

Sankt Peter und Paul
in Wissembourg

Schweigen-Rechtenbach
38
Rußbach
L 546
Steinfeld (Pfalz)
Otterbach
L 545
Schaidt
K 15
Bruchbach
Schweighofen
Kapsweyer
Heilbach
Wissembourg
DEUTSCHLAND
FRANKREICH
Lauter
D 3
D 264
Geisberg
L 545
Bienwald
K 23
Steinseltz
Hausauerbach
D 244
D263G
D 34
Riedseltz
D 244
Schleithal
Heßbach
Rue du Stade
D 249
D 244
Seebach
Salmbach
D 104
Niederlauterbach
Landbach
D 244
Scheibenhardt
L 545
D 3
Scheibenhard
1
2
3
4
5
6
7
8
9

Alles auf einen Blick

WIE & WANN:
Flache Landschaft, die gegen Ende ansteigt, meist Radwege und wenig befahrene Landstraßen; empfohlene Jahreszeit: Obstblüte im April bis Oktober

HIN & WEG:
Auto: Parking de la Pépinière, Rue de Messageriers, 67160 Wissembourg (GPS: 49.032717, 7.947888)
ÖPNV: S- und Regionalbahnlinien bis Bahnhof Wissembourg

ESSEN & ENTSPANNEN:
Es gibt unterwegs wenige Einkehrmöglichkeiten, bitte an Verpflegung denken!
Brasserie de la Gare ❷ Rue Principale, 67160 Schleithal, Frankreich, Tel. +33 3 88 73 80 27
Bäckerei mit Café La Minzbrueck ❹ Hauptstraße 1a, 76779 Scheibenhardt, Tel. (0 72 73) 9 49 58 08
Waldgasthof Bienwaldmühle ❺ Bienwaldmühle 3, 76779 Scheibenhardt, Tel. (0 63 40) 2 76, bienwaldmuehle.de
Restaurant Du Saumon ❾ 3 Place du Saumon, 67160 Wissembourg, Frankreich, Tel. +33 3 88 94 13 95

ENTDECKEN & ERLEBEN:
Waschplatz an der Lauter ❶ Altenbourg
Rastplatz an der Lauter ❸ bei Scheibenhard
Kakteenland Steinfeld ❻
Deutsches Weintor ❼ Schweigen
Klosterkirche Sankt Peter und Paul ❽ Wissembourg

Genuss ✱✱✱✱✱
Entspannung ✱✱✱✱✱
Romantik ✱✱✱✱✱

Die GPS-Daten zu jeder Tour gibt es auf
www.droste-verlag.de

Konzeption: Droste Verlag, Düsseldorf
Satz: Vollnhals Fotosatz, Neustadt a. d. Donau
Einbandgestaltung: Britta Rungwerth, Düsseldorf, unter Verwendung von Bildern von © Fotolia.com: Andrey Kuzmin, undrey, dabost, niroworld; © www.stock.adobe.com: Fernando.RM
Fotos: Michael Landgraf, außer: S. 77: Armin Huck; S. 125: www.stock.adobe.com/HOEFFEL; S. 177: www.stock.adobe.com/jozsitoeroe
Karten: Thorsten David, Bochum
Textlektorat: Kirsten Witte-Hofmann, Leipzig
Druck und Bindung: LUC GmbH, Greven

MIX
Papier aus verantwortungsvollen Quellen
FSC® C011279
FSC www.fsc.org

ISBN 978-3-7700-2423-0
www.droste-verlag.de